· 江苏省群众文化学会掼蛋文化研究院推荐读物 ·

掌握游戏规则，享受掼蛋乐趣
带你轻松玩转掼蛋游戏

辩证思维打掼蛋

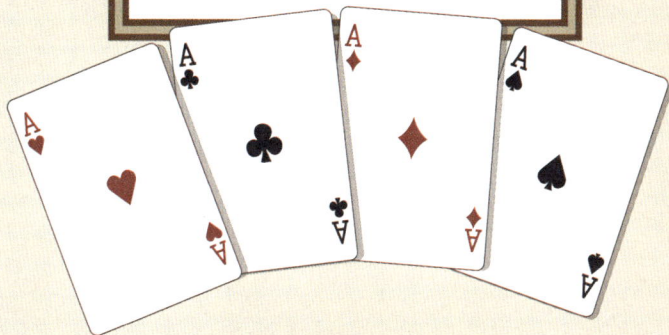

程冠东 著

电子工业出版社
Publishing House of Electronics Industry
北京·BEIJING

图书在版编目（CIP）数据

辨证思维打掼蛋 / 程冠东著 . -- 北京 : 电子工业
出版社 , 2024.7

ISBN 978-7-121-47999-1

Ⅰ . ①辨… Ⅱ . ①程… Ⅲ . ①扑克 – 牌类游戏 – 基本
知识 Ⅳ . ① G892.1

中国国家版本馆 CIP 数据核字 (2024) 第 111672 号

责任编辑：张　毅
印　　刷：天津善印科技有限公司
装　　订：天津善印科技有限公司
出版发行：电子工业出版社
　　　　　北京市海淀区万寿路 173 信箱　　邮编：100036
开　　本：720×1000　1/32　印张：7　　字数：152.3 千字
版　　次：2024 年 7 月第 1 版
印　　次：2024 年 7 月第 1 次印刷
定　　价：60.00 元

凡所购买电子工业出版社图书有缺损问题，请向购买书店调换。若
书店售缺，请与本社发行部联系，联系及邮购电话：（010）88254888，
88258888。

质量投诉请发邮件至 zlts@phei.com.cn，盗版侵权举报请发邮件至 dbqq@
phei.com.cn。

本书咨询联系方式：（010）68161512，meidipub@phei.com.cn。

序

　　淮安是一座因大运河而兴起的城市。从公元前486年吴王夫差开邗沟通江淮开始，到元明清繁荣的京杭运河时代，淮安始终是大运河重要建设阶段的"原点"、大运河主体功能漕运的"中枢"。在"漕起漕落"的千年岁月里，作为南船北马、九省通衢的要津所在，运河不仅造就了淮安"市不以夜息"的商业繁华，也使各地的文化在此交流碰撞出璀璨的火花，《西游记》、淮扬菜的诞生莫不如此。融南汇北、推陈出新的特质成了淮安永恒的文化基因。

　　时光到了20世纪六七十年代，在古运河旁的白马湖畔，聪明的渔家子弟劳作之余发明了一个充满哲学智慧的扑克牌游戏，他们给它起了一个乡土方言味道浓郁的名字：掼蛋。据说它把当地历史悠久的一种俗称"小鬼牌"的纸牌游戏和当时在全国流行的"80分"、升级等扑克牌游戏有机结合起来，打法灵活多变，让玩者爱不释手。

　　近十年来，掼蛋游戏迅速火遍大江南北，甚至走向了世界，是国人及海外华人之间非常流行的聚会交流娱乐项目。目前，掼蛋已成为国家体育总局认可并推广的智力运动项目，这首先得益于掼蛋有受人喜爱的游戏规则，其次得益于当地有一群致力于将掼蛋作为特色群众文化品牌去打造推广的杰出"掼友"，兰国伟、朱洁、程冠东三位同志当是其中的佼佼者。这三人都算是我的老同事、老朋友，他们有一个共同的特点，就是都有非常执着的钻研精神和敏锐的思维能力。多年来，他们在不遗余力推广掼蛋文化的同时，还潜心研究，著书立说，编辑出版掼蛋经典系列专著献给广大的掼蛋爱好者。兰国伟的著作《掼蛋入门到精通》，以体育项目的基本要素为视角，从掼蛋概念到基本打法、技战术提升等方面进行了系统表述。国伟同志长期从事棋牌运动管理工作，也是国家体育总局发布的掼蛋规则的编定者和重要比赛的裁判者之一，其成果可算是掼蛋基本原理和规则的权威阐述。程冠东的文章《掼蛋技法与文化》，结合掼蛋技术与打法从文化层面总结出许多提升掼蛋水平的技巧方法，同时他还结合日常生活撰写了许多生动活泼的体会文章，娓娓道来、妙趣横生。朱洁的研究成果《掼蛋发展研究年度报告（2023 年度）》，则从掼蛋发展简史、掼蛋文化品牌建设、掼蛋入围全国智运会三个方面进行调查研究，填补了掼蛋发展过程和趋势的理论研究空白。

对于打掼蛋，我算是十足的菜鸟，但拜读了他们三位的大作，也颇有些心得。我觉得打掼蛋的过程蕴含了许多人生哲理，如分析判断整个牌局需要有审时度势的大局观，和对家配合需要有真诚友爱的协作精神，根据牌局变化不断调整组合与取舍则体现了顺应时势灵活变化的能力，而整个牌局过程也正是一个不断努力、进位争先的拼搏过程。我想这也算是对我们做人、做事的一个有益启发吧。

路边的蜡梅在不经意间已悄然含苞待放，春天即将来临。祝愿掼蛋这个散发着淮安泥土芬香、深受广大群众喜爱的智慧游戏早日走进世界智力运动的广阔园地，去迎接一个姹紫嫣红、争奇斗艳的春天。

范更生

癸卯腊月于古楚淮安

目录

1

掼蛋降龙十八掌

　　"降龙十八掌"是金庸武侠小说中描写的绝顶武功。我也总结了掼蛋十八句口诀，戏称为"掼蛋降龙十八掌"。对于初学掼蛋的爱好者来说，记熟口诀并加以灵活运用，掼蛋水平就会上一个台阶，更容易取得比较好的成绩。

　　掼蛋降龙十八掌的口诀如下。

口诀一　牌型谁打谁负责，责任一定要明确

　　开局以后，己方两人应有默契，一位主攻，一位助攻。在一般情况下，主攻的人发出的牌仍然由他压牌，对家在他压不了的情况下再出手压牌，接着可以送相同的牌型给对家。

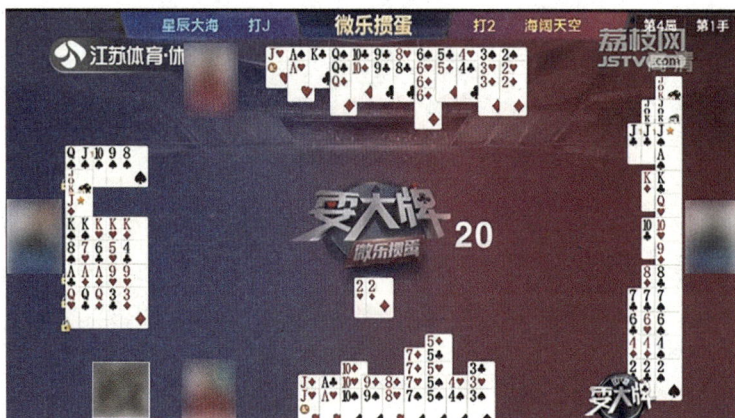

南家发出的对子一般由自己负责。北家如上对子是表示牌好，想担当主攻

口诀二　除单慎接对家牌，只有牌好才接牌

开局到中局阶段，在没有把握做上游的情况下，一般不接对家牌，但单张可以顺套。你不能做上游，接了对家牌，就相当于抬高了物价，挡了对家的路。挡一轮，对家就好比少了一个火；多让对家走一轮，对家就等于增加了一个炸弹。如你有可能做上游，就可以接对家的牌。

西家发对子，东家加压，表示自己的牌较好

口诀三　炸弹要炸第一顺，否则后面还有顺

开始出顺的人往往后面还会有顺，自己没有顺子压，可以不要，看对家是否有顺子压。对家如无顺子，在火力较足的情况下，自己可以出炸弹。但如只有一个炸弹，俗称"保命火"，是否下这个炸弹则要慎重。

西家首发杂花顺，北家可用杂花顺压上或炸掉，否则西家还会发杂花顺

口诀四　封顺就要封到顶，这样封牌是要领

对方开局出的小顺，除了是"吐痰"（自己比较弱的牌型）的情况，往往手上有大顺回收，此时尽量用 10JQKA 大顺去压。有人考虑手上有单 9 和对 A，而用 910JQK 去压，被对方用通天大顺回收，心中懊恼不已。你如上通天顺就可以逼对方的火，况且单 9 和单 A 也容易出得去，而对手上通天顺就能逼你的火。

西家发顺子，南家可用 10JQKA 杂花顺封压，不留缝隙

口诀五　七张多为"五一一"，成型牌出为妙招

七张牌型中"四二一""五一一"牌型居多，也会有"四三"或"五二"牌型。当上下家剩七张牌时，压住后出成型牌最佳。俗话说"七张八张，出顺打夯"，指打三带对或杂花顺，也可以是三连对或钢板。他只要一压牌就剩一到两张牌，排除了纯炸弹的可能性。

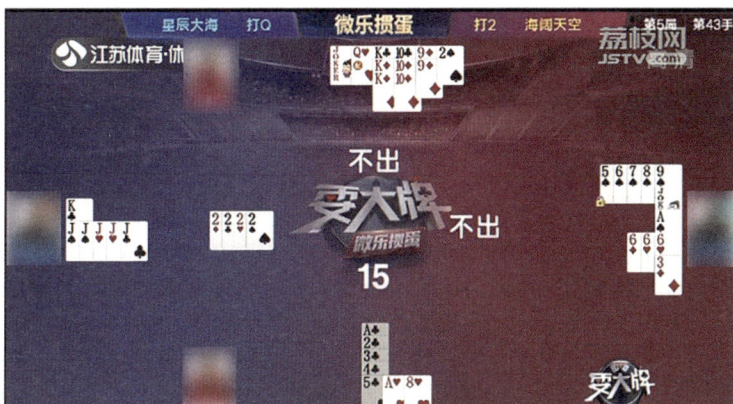

南家剩的七张牌就是典型的"五一一"牌型

口诀六　八张多为"五二一"，不出单双是高招

因为民间有"炸七不炸八"一说，所以很多人对八张牌采取放一马的做法。其实八张牌以"五二一"牌型居多，我们说不炸八，指的是手上如握有重火就不炸八，但有小炸弹还是可以炸的。对于对方的八张牌，尽量出成型牌而不出单牌或对

子，让他手上始终保持三轮牌，不好随意冲刺。

东家剩的八张牌就是典型的"五二一"牌型

口诀七　五打二来六打三，打得对方把眼翻

同一道理，五张打两张（包括三张），六张打三张（包括
五张），对方压了以后就少于四张牌，排除了他有炸弹的可能
性。这会使对方比较难受，气得直翻眼。

南家剩六张牌，西家打出三张牌，即使南家能压，剩三张注定不会形成炸弹

口诀八　九张当作五张打，如打五张你就傻

当对方剩九张牌时，就要防止他是"四五"的牌型。你打五张他压五张，剩下是净火你就没有办法了，你可不就傻了吗？对方如有九张牌，主张打一张把他打成八张牌，一般情况下，你不会吃亏。

本副牌打 2，北家出三带对，东家剩九张牌，压了以后成净火

口诀九　十打二来九打一，打成八张不着急

对方剩九张、十张牌时已进入报牌阶段，变化比较多，牌型也可能较多，还包括有两个纯炸弹的可能性。所以对方剩十张就打两张，如果他是"四四二"牌型，也就是两个火加一对，也没有办法。九张打一张，把对方先打成八张再说。另外，九张牌有很多时候都是一火一轮的牌型，打出单张，对方很不好办。

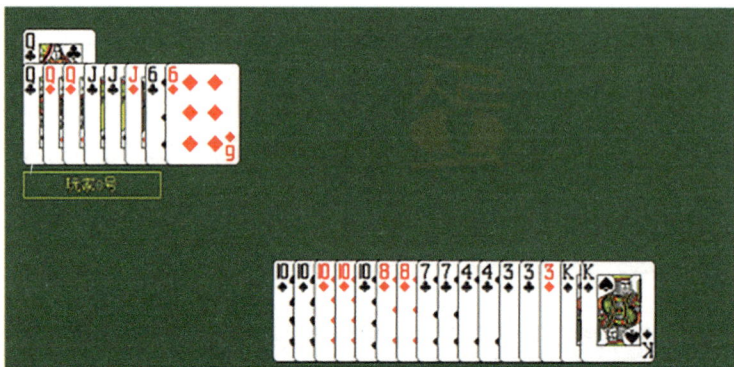

西家九张牌如是"四四一"牌型，南家只有一个炸弹也很难防，因此可先出一张

口诀十 对方七张或八张，可以出顺或打夯

当对方还剩七张或八张牌时，打出一夯成型牌（包括杂花顺、三连对和钢板），对方如压，就少于四张牌，失去了纯炸弹的可能性，你的压力是不是顿时就小了？

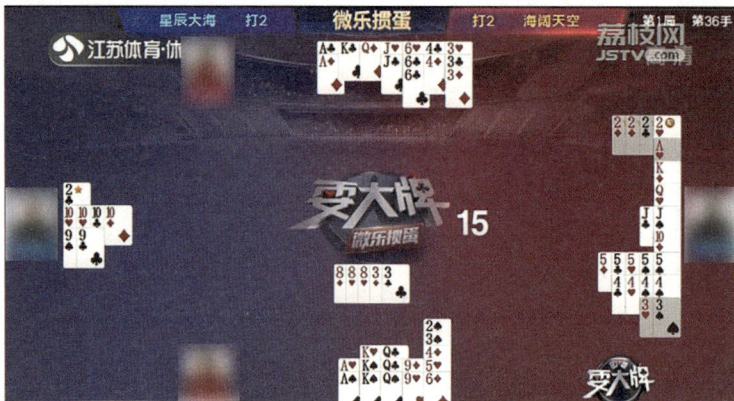

西家剩七张，南家出五张是合适的，即使西家有三带对或炸掉，也形不成纯炸

口诀十一　牌不好时学会让，让给对家不上当

当自己的牌力不强、不能做上游时，就要学会给对家让牌，见花不垫，而不能有牌就压；当接受对方双贡时，牌弱方不抢上大小王，让对家接手并观察他的牌型，做好喂牌的准备；当牌型较顺、净剩两个炸弹时，在上下家牌张足够多的情况下，可让一手牌再出炸弹，往往能骗到对方的一个炸弹。

南家没有必胜把握，让给北家去压也是可以的

口诀十二　残局没火牌不行，就要忌打整牌型

残局手上已没有火，就不要轻易打整牌型，除非能回收。当上下家还有七或八张牌时，也不能轻易出整牌型，否则对方压了以后，出牌权落到对方手上，你就比较被动了。

本副牌打 4，北家无火发小成型牌，造成被动

口诀十三　炸弹如小提前炸，炸不了时头嫌大

　　手上有小的四个头炸弹，要提早用，用在踩刹车上，尤其是骑马火（如四个 4 压四个 3）一般可压，否则等对方别的炸弹出来，你的小火已压不上，很是着急。实战中发现很多次牌局结束时，有的选手还有小火捂在手中发不出去。

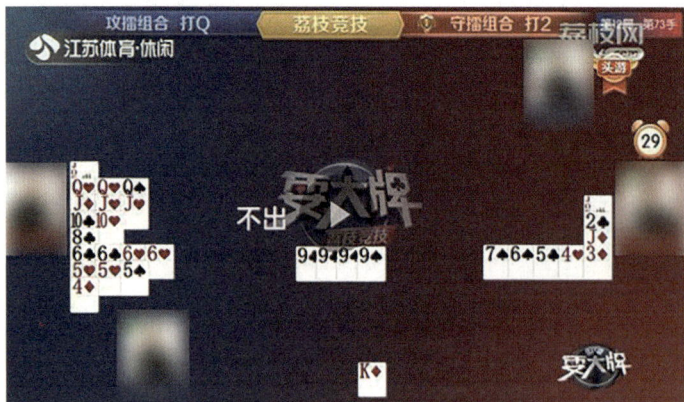

此时西家的 6666 炸弹已无法去炸下家的 9999 炸弹了

口诀十四 想好出啥再开火，否则开错憋窝火

很多选手在比赛时，头脑一冲动，就把炸弹扔了出去，然后轮到他出牌时，却不知道出哪种牌型，心中很窝火。应该在出炸弹之前就考虑好炸了以后上下家如果不要，自己应该出什么牌，如同下象棋要看到两三步以后的变化一样。

北家送南家对子，西家必须炸掉，然后送东家单张

口诀十五 没有枪时留轮次，牌型也能干大事

手上没有炸弹，不易做上游，就要保留好轮次。这里讲的轮次，是专指张数较多的成型牌。大的成型牌可以压对方的牌，小的成型牌可以送对家，所以张数多的成型牌也能干大事。关键的连接张，建议不要随便出掉。

南家打出 Q，留杂花顺和三带对在手

口诀十六　首发轮次要谨慎，牌型发错徒添恨

　　首发牌型很重要，要考虑清楚再出牌。有人手上有能打能收的牌，但首发时牌型发错了，把主动权交到对方手上。这样做一是逼了自己的火，二是把自己的牌型破坏掉了，失去了做上游的机会，很懊悔。

西家首发小单张，容易让东家误解

口诀十七　炸了下家出单张，这样出牌易受伤

炸下家往往是为了扼制他出牌，延缓他出牌的进程。而炸了下家以后出一小单张，可能会为下家带走一轮牌，得不偿失。所以建议如果你牌力比较强，炸了下家，一般不要轻易打出小单张。

西家如用 QQQQ 炸大王后，再出 4 或 7，南家会很开心

口诀十八　回贡对方要绕道，回贡对家不必绕

回贡对方在有选择的情况下要选择，如回贡自己上下张都有的花色，使对方不容易形成火箭或顺子；而回贡对家时，则反过来思考。俗话说"回贡对家不必绕，回牌添火是正道"，最常见的是回单张。

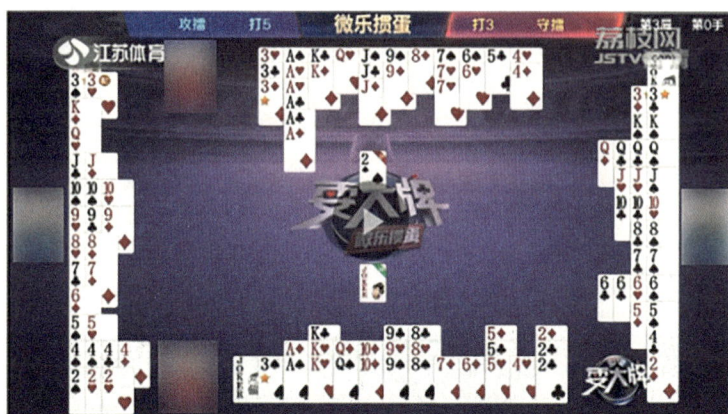

本副牌打 3，北家给南家回贡，回只有一张的牌，对家容易形成炸弹

2

掼蛋技巧十字令

　　打掼蛋技巧有很多，初学者不容易全部记住。我比较欣赏十字令，给打掼蛋也编了个类似的十字令。

　　十字令是中国诗歌文学的一种特殊形式，一般由以数字一至十开头的十句小令组成，形式工整，形象生动。

　　打掼蛋的十字令就是"一个中心，两个基本，注重三合，四项原则，琢磨五张牌，研究六张牌，对付七张牌，重视八张牌，久玩不厌，十分有趣"。

一个中心

　　掼蛋搭档的两个人牌技不一定完全在一个水平上，会有高低之分，但每副牌只能有一个中心。牌技高的有牌不好的时候，牌技稍差的也有抓到好牌的时候，各人心中应各自有数。我牌不好，就以对家为中心；反过来，我牌好，对家就要以我为中心。牌技高超的人都懂得牌语，无须用嘴讲，两三把牌一出，心中就有数了。比如，我出对子或三带对，对家上来就压，这就是牌语，表示他牌好，他想做上游。

本副牌打 6，北家接南家的牌表示牌力强，希望做主攻

两个基本

1）在开局到中局阶段，对家主发的牌基本不压（单张除外）

不压不代表我没有牌压，而是不想抬高牌的级别，影响对家走牌，影响对家的轮次，也遵循了谁打谁收的原则，同时也是在观察对家的动向，必要时把小牌送过去。

本副牌打 2，开局阶段东家不要轻易接西家发的牌

2）牌较差时基本不按常规出牌

自己一方面要全力配合对家，喂好牌；另一方面要打操牌（淮安方言为"瞎操蛋"，意为捣蛋、胡乱做事），多做搅局的事，尽量吸引上下家火力，掩护对家争得上游，自己甘做三游或下游，如打三不带等。做不了上游的人，使用炸弹等不能手软，该出手时就出手，为对家省一个火，就是作贡献。这也是有全局观的表现。

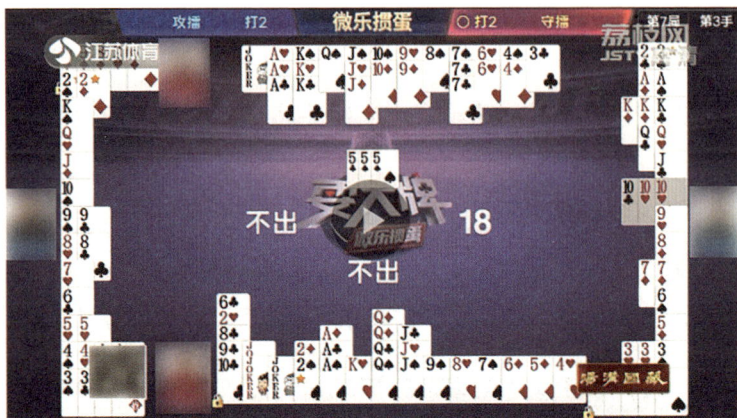

本副牌打 2，北家无炸弹，首发三不带，意在操牌

注重三合

1）组合

组牌是基本功，也是赢牌的基础。牌组合得好，相当于大小标题都布局好了，文章就成功了一半。组牌的原则，第一，最大限度地减少单张。第二，精减轮次，越少越好。如手上有一对 2、一对 3 和一对 A，分开来是三轮，组成三连对就只有一轮。第三，留有变化。如手上有 8 到 Q 和 9 到 K 两个杂花顺，其中包括 9 到 Q 的四个连对，不要急于定型，根据对方出牌情况，再决定组成杂花顺还是三连对的牌型。第四，在自己牌力不是很强的情况下，尽量组成小火大轮次。如手上有三个 K 和三个 5，在需要用逢人配（红心参谋）组炸弹时，尽量组5 的炸弹，而三个 K 带一对就是大轮次。手上如有大小两个杂花顺都可以用逢人配组成火箭时，尽量组成小火箭，保留大的杂花顺。大的杂花顺可以压牌，而小火箭也不算小。有时也需

要组成大火，防止对方冲刺。

南家可组 12345 和 78910J 杂花顺

2）配合

和开展工作一样，打掼蛋时配合很重要，相当于乒乓球的双打。配合就是了解对家打牌的风格和战术特点，正确理解对家的出牌意图，相互信任，从而有效提高打牌胜率。牌技高的人配合的意识一定很强，无须你多言，你只要按规矩出牌，对家一般都能领会你的意图。对家一应对，你也能感受到对家的牌力。如你出的是三带对或杂花顺，对家出牌压掉，就表示他的牌好，想做上游。他压了一手就少了一个轮次，你就要以对家为中心，围绕他需要的牌型喂牌。配合对家要坚决。在中残局阶段自己没有做上游的机会时，如果你的对家用炸弹控制他的下家（你的上家）的牌，一般说明他火力充足，且有做上游的希望。这时，你就要全力配合，不让你的上家轻易走牌，并且打出你的对家可能需要的牌，送对家做上游。

东家给西家送对子

3）场合

　　场合指的是包括炸弹在内的各种牌型出手的时机，换种说法就是要选择好出牌的时点。不该炸时你把炸弹扔出去是失误，该炸时你不炸也是失误。要像有句歌词所说的那样，"该出手时就出手"。这就如同炒菜，火候不到菜未熟，火候过了又容易煳。使用炸弹不能赌气，图一时痛快，把炸弹在不该用的时候扔出去。如你的上家打了一个中等的三带对，你没有这种牌型，而你的对家牌还多，可让一下，对家有可能也有这种牌型。如果你先扔炸弹，就是浪费，也就是出牌的场合有问题。记住：示弱不一定弱，示强不一定强；好牌要示弱，弱牌要打出气势。最终要看谁能争得上游。

本副牌打 5，南家用六头火压稍嫌早点了

四项原则

1）上游为大

我看到过一副牌，对家只有三张，明显是三同张，搭档没有三同张的牌型，而且做不了上游，就把仅有的较小的四头炸弹拆三张出来保证对家做上游，这是很有价值的。前面讲过，对家的牌基本不压，但你如能做上游，只管去压，不用受限制，不要教条。你压牌的同时，实际上也是在给对家传递信号——我的牌好，我要争上游，让对家了解你，配合你，以你为中心。

我看到过另一副牌，东家剩一个 78910J 火箭在等牌，北家打一张单牌，剩 11 张不报牌，西家上大王，东家没有要，不舍得炸对家的大王，结果北家以 8910JQ 火箭冲刺，最后三连对走尽，得了上游。最不可取的是，开始时就制定"确保三游，争取二游，不做下游"的目标。争不到上游，得个二三游并不光荣。但在对方做了上游的情况下，就要尽量避免被打成双下。从成绩的顺序看，第一是把对方打成双下，第二是得一三游，第三是得一四游，第五是得二三游，第六是得二四游，最差是被对方打成双下。

西家打三带对痛失上游。应先打一张小王，让东家得上游，体现上游为大的原则

2）枪不打四张

枪不打四张一般是说当你手上有三轮以上牌的时候，对方手上的四张牌如是炸弹，你炸了以后，手上的两轮牌走不尽，对方还是会顺利地走掉。不如让他出，观其动向，再作处置。但你如果只有两轮牌，特别是炸弹级别较大，应毫不犹豫地上炸弹争做上游（头游）。另外还有一种情况，就是判断对方不是净火的时候，也要上炸弹，防止他出三不带，只留一张大单在手，或者出一个小对，留一个大对在手，这样你就不好防守了。在这点上要灵活掌握，不能过于教条。

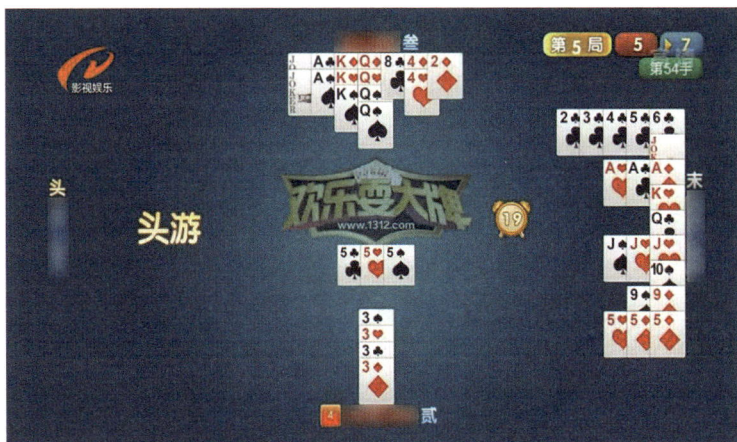

东家枪不打四张，防止南家四张是四头炸弹

3）打少不打多

在上下家牌的张数不同的情况下，要特别注意牌少的一方，如只有十张或更少的牌的那方，而牌多的一方让他出一两手也无妨。

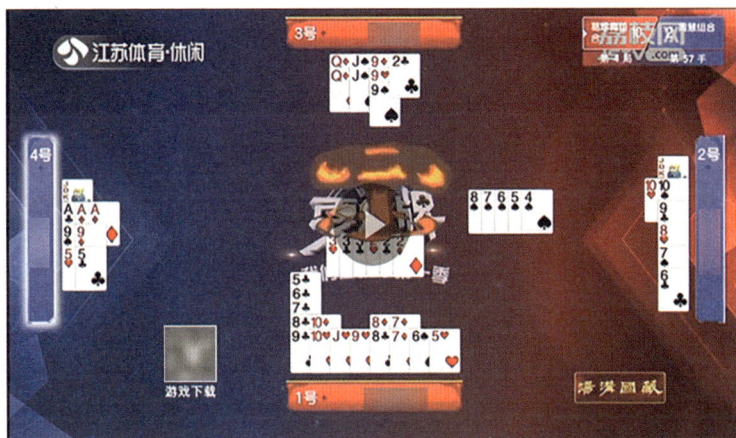

东家对牌多的南家可不急于下炸弹

4）配牌迟点出

如用逢人配配三个 8 组成四头火，手上还有四个 10 组成的四头火，二者差不多大，需要时可以先上四个 10。因为到残局时，三个 8 加逢人配可以带一单张组成三带对，而留四个 10 无法变成三带对。有人早早地就把逢人配打出去，这是不可取的。失去了逢人配这张牌，改变牌型的可能性就变小了，实在可惜。

本副牌打 4，东家应用方块 6 换下红桃 4，以便后期改变牌型

琢磨五张牌

五张牌可组的牌型多，如杂花顺、同花顺、三带对或五个头炸弹。杂花顺如果拆开，只能是五张单牌，即使里面有逢人配，也只能组成一对，另外还剩三张单牌。所以组三带对还是杂花顺，要看具体情况或各位选手的喜好来决定。三

带对的牌型，如几个三带对中的牌相差不过五不可怕。例如，某位选手打出含3、7、10的几个三带对，他有杂花顺的可能性就很小。对付五张牌的口诀，一般就是打二、打三、打高单。

南家剩五张，东家判断不是火，有炸必炸

研究六张牌

　　六张牌可以组成三种类型：三同连张（钢板）、三连对和六个头炸弹。当手上剩六张牌时，除上述三种牌型外，也有"四二""四一一""五一"牌型的可能，还可能是一对加几个单张或六个单张。研究六张牌，就要会判断，结合前面已出过的牌，大概判断出是哪种牌型，以决定自己如何出牌。自己在组牌时，三连对和钢板的牌型是不错的选择。三连对和钢板开始时出不一定占优势，上下家都有可能有牌压，等三带对打多了，钢板可能就大了。三连对也是如此，小的三连对不要急于出，可先出对子，把对方可能有的三连对打散，然后再出小三连对。接连发出两个钢板的人，大概率手上只有一火或没有火。自己最后剩的六张牌是"一二三"牌型时，可以先打三同张，给对方留下剩下的牌也是三同张的假象。

南家剩六张牌，西家出三同张是不错的选择

对付七张牌

民间有"炸七不炸八"一说，因为七张牌中"五一一""四一二""四三""五二"牌型居多。当对方还剩七张时，一般应压住，出成型牌最佳。俗话说"七张八张，反手一夯"，指的是打三带对或杂花顺，也可以打三连对或钢板，对方只要一压牌就只能剩一到两张，排除了他剩四头炸弹的可能性。由于七张牌是"五一一"牌型的概率比较大，有时面对七张牌也可以考虑打对。如果你手上无火，也无成型牌，最小的单张最好不要轻易出。

西家剩七张牌，南家发五张成型牌是可行的

重视八张牌

因为民间有"炸七不炸八"之说，所以很多人对八张牌采取放一马的做法。实际上"不炸八"指的是在自己手上握有大火的情况下一般不炸。对方出一张，你压住以后回一张；他出一对，你压住以后回一对；他冲刺，你则用大火压住。但是，你也不能太教条，要结合前面出牌的情况来分析，决定压与不压。实战中八张牌是"五二一"牌型（五头炸弹或火箭加一双一单）的概率较大，但如果前面牌非常顺，也不排除两个四头炸弹的可能，不能做无谓的牺牲。

东家八张牌是典型的"五二一"牌型

久打不厌

　　"久打不厌"是形容选手对掼蛋的喜爱程度。当对方剩九张牌时，可能有多种牌型，如"四五""五五""四四一"等，要靠记忆和判断，决定出什么牌，或者对对方用小火"踩刹车"。遇对方剩九张牌时口诀是"九张当作五张打，如打五张你就傻"。另一句口诀是"十打二来九打一，打成八张不着急"。对方剩九张牌时，打一张是明智的。他如果是"四四一"牌型，即两火保一轮牌，你也不容易防得住。九张打五张给对家是送牌，九张打一两张给对方是控牌。

北家只剩九张牌时，东西两家要严防死守

十分有趣

"十分有趣"是掼蛋爱好者的普遍感受。按竞赛规则，牌局中手上剩十张牌时就要报牌。对方出四头炸弹以后剩十张牌，会有若干牌型，建议压住后轻易不出五张牌，防止对方是"五五"牌型。一般情况下，对方剩十张你出两张是不错的选择，他压了以后剩八张，他如本来就是"四四二"牌型，即两个炸弹带一对，本身也难防。十张牌出五张给对家是送牌，出两张给对方是控牌。

说这么多，可能不少朋友难以消化，很难全部记得住。记不住也没关系，在实践中可以逐步摸索和提高。能记住十字令中的前四令，你就会在原有水平上有较大的提高。

东家剩十张牌时，已经是一火一轮牌了

3

围绕"三"字打掼蛋

"三"在我国是用得较多的数字之一，如一家三口，老少三代，三生有幸，三思而行，文章分三段，一月分三旬，等等。我认为，掼蛋初学者如能做到本章所说的三个"合"、三个"一"、三个"准"、三个"慢"、三个"好"，并且举一反三，活学活用，定能领悟到游戏三昧，掼蛋水平也一定会有较大的提高。

三个"合"

三个"合"是说牌的组合、配合和场合，涉及打掼蛋的基本功和对局时的技巧。

1）组合

组牌是选手的基本功，牌力强且组牌正确就是赢牌的基础，牌组错了就可能是输牌的主要原因之一。组牌的原则，第一，最大限度地减少单张；第二，精减轮次；第三，留有变化，不把牌组死；第四，在自己牌力不是很强的情况下，尽量组成小火大轮次，而在对方双贡的情况下，如果己方已经实现单控，就要尽量组成大火，防止对方冲刺。

本副牌打6，南家有逢人配，就有了多种组牌方式

2）配合

双人赛，要了解搭档打牌的风格和技战术特点；个人赛，要留意另三家的组牌和出牌特点，判断各方技战术水平，对稍强的对方重点盯防，对稍弱的对方适当控制。当自己的牌力弱时，用牌语让对家知道你的牌力，同时也要通过牌语了解对家的牌力。配合对家要坚决，精准打出对家可能需要的牌型，才能送对家做上游。

东家为对家助攻，送牌精准

3）场合

这里所说的场合，主要指的是各种牌型出手的场合。如一般不主张开局就出成型牌，如以对子探路、两单必吐一单、出三不带搅局等。残局中以顺子和三带对牌型冲刺成功的牌例比比皆是。要记住，示弱不一定牌力弱，示强不一定牌力强。好牌要示弱，不显山、不露水；而弱牌要打出气势，吸引和浪费对方火力，配合对家争得上游。

西家无火，首发杂花顺，值得商榷

三个 "一"

三个 "一" 是说一动一不动、一级压一级和一门牌型打到底。

1）一动一不动

对局时要和对家形成默契，主攻方（对家）已动，助攻方则可不动，密切观察和分析对家的牌型和全场的局势，伺机而动，为对家准确地喂牌或给予火力支援。在主攻方剩九或十张牌报牌时，助攻方一般不动火，由主攻方动火。而助攻方也不是完全不动，在确定对家无法套牌或者上家有做上游的可能时，可以压牌和炸上家，递出对家需要的牌型。助攻方也不可教条，在对家出的牌型有利于自己时，一定要及时套出自己的牌，切不可贻误战机。

东家只剩一张牌，西家的牌基本没动

2）一级压一级

对方打出对子或夯，一般不要压得太越级。如用 A 夯压 6 夯等，没有可压的就让对家去压，大的牌型压对方三、四级较为合算。大单、对子和炸弹也不宜越级压，特别是大王不轻易压参谋以下的牌，火箭不追四个头的小火（牌力超强的除外）。此方法也需灵活掌握。自己牌优时，可以用大牌型卡压。如能出牌，亮出自己的主打牌型，寻求对家的支持，争取做上游。对方如出杂花顺，自己则以大顺封压。

南家压西家的三连对时，可以先上 667788

3）一门牌型打到底

对局时不宜轻易换牌型。自己在无把握做上游的情况下，要做好助攻，围绕对家的主打牌型，一门牌型打到底。发现是对方不要的牌型，就坚持出下去，出到对方发急扔出炸弹（但三个 K 以上的夯，不一定全部出完，留在手上或许有用）。一门牌型打到底也得有限度，作为助攻者一定要注意：顺子和三带对一般不超过两轮，对子一般不超过三对，单牌一般不超过四张，否则很可能给对家添乱。

杂花顺对方如不要，西家可连续再打 45678 和 678910

三个"准"

三个"准"是说记牌要准，送牌要准，炸牌要准。准确率高了，赢牌的概率就会大。

1）记牌要准

记牌是打好掼蛋的基本功之一。这里讲的记牌主要是记已经打出去的牌，记大小王的分布，记六张级牌和两张逢人配（红心级牌）的情况，记另外三家出过的牌型，他们喜欢什么，不喜欢什么，可能在等什么样的牌型等。

西家可能不记得东家还有一张小王

2）送牌要准

送牌要准是指传给对家需要的牌型。要在打牌的过程中，通过他出过的牌型来分析，通过他的牌语来分析，通过他不要对方出的牌型来倒推。给对家送准牌，就相当于对家渴了送水，饿了送饭，这样对家才能顺利地清牌争得上游。

3）炸牌要准

炸牌要选择好时点，不该炸时你把炸弹扔出去是失误，该炸时你不炸也是失误。使用炸弹不能赌气，图一时痛快，把炸弹在不该用的时候扔出去。在一般情况下，要记住"炸上家，控下家，送对家"的要领，还要记住"弱牌炸上家，强牌炸下家"的训条。

本副牌打 5，南家用六头火压稍嫌早点了

三个"慢"

三个"慢"是说选手在组牌、贡牌、回贡环节都要慢些，尽量细心，不可急躁，以免后悔。

1）组牌要慢

贡牌的选手等对方回贡以后，重新看看组牌是否合理，看看把 A 拿到 2 这边有无组成同花顺或杂花顺的可能。

本副牌打 2，北家组牌时红桃 9 与梅花 9 对调就多出一个炸弹

2）贡牌要慢

选手如果进贡的是非大小王，就要选择牌的花色。贡给对家时选择有可能让他组成火箭的花色，而贡给对方时则反之。

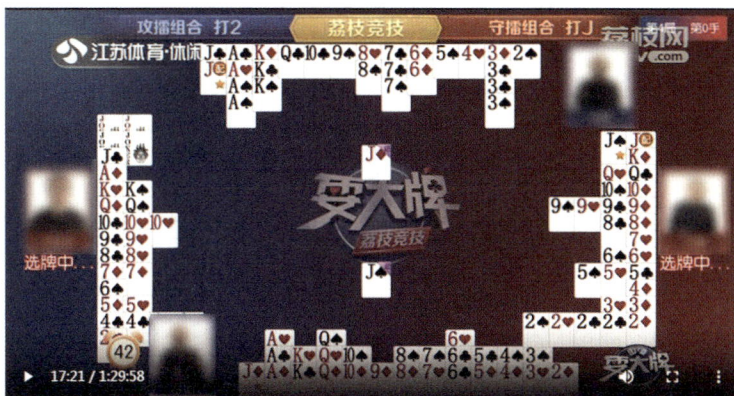

北家有梅花 10JQKA 自然同花火箭，贡出方块 J 较妥当

3）回贡要慢

回贡要慢，这一点在受贡非大小王的牌时尤为重要。先前已组好的牌要再回过头细看一下，看有无更加合理的组牌方式。

北家受贡了梅花 4，回贡梅花 5 不妥，因为自己可以组成梅花 12345 的天成火箭

在线上比赛时则要控制好时间，留有余地，防止时间到了，平台抽你最小的牌发出。

三个"好"

三个"好"是指战术要好，状态要好，心态要好。制定战术、调整状态和心态是对局时的重要环节。

1）战术要好

在战略上貌视对方的同时，在战术上要重视对方。制定战术包括确定先发哪种牌型，后发哪种牌型，哪种牌型等套，哪种牌型要控好下家，牌好时如何诱出对方的炸弹，如何出其不意偶尔打个投机牌，等等。

2）状态要好

在参加比赛前，就要及时调整状态，保证饮食营养，保证睡眠时间，保持精力充沛，而不能在赛前的酒场上豪饮逞能，或者参加打麻将等娱乐活动，以致比赛时身体疲惫，精力不济。

3）心态要好

　　心态要好，是指境界要高。打牌是为了联谊交友，娱乐身心。要把牌打得漂亮，牌不好不要紧，只要不出错牌就行。要把打牌的过程变成切磋技艺、增进友谊的过程，享受打牌带来的乐趣，而不要过分地计较输赢，也不要不断地抱怨对家，否则就失去了打牌的意义。

4

围绕"牌"字打掼蛋

　　江苏省现有 13 个地级市，扑克牌从 A 到 K 刚好也是 13级，有感于此，我曾围绕 13 个"牌"字，总结出一套掼蛋实战技巧，名为"掼蛋实战十三'牌'"（见掼蛋大师公众号2020.3），旨在宣传掼蛋文化，帮助初学者提高掼蛋竞技水平。随着时间的推延，十三"牌"似还不够全面，又陆续补充了五"牌"，变成现在的十八"牌"。选手们如能对这十八"牌"熟练掌握并运用自如，也就相当于在武术上十八般武艺样样精通，参加掼蛋比赛或切磋技艺时的胜率会得到较大提高。

组牌

　　组牌的原则，一是最大限度地去单张；二是小火大轮次（大火小轮次只有一个火的威力，而小火大轮次往往大于一个火的威力）；三是尽量减少轮次；四是在自己不易得上游的情况下，炸弹的数量要高于炸弹的质量；五是逢人配尽量保留，以便牌有更大的灵活性。掼蛋高手的组牌技术一般都相当好。牌组好以后，就应初步判断出本人在这副牌中的位置。

南家可组 12345 和 78910J 杂花顺

记牌

　　掼蛋的高手都是记牌的高手，有的高手记忆力特别好，能报出你最后手上剩的牌。我们讲过记牌原则，一是记四张王，二是记六张级牌，三是记两张逢人配（红心级牌），除此之外，还要记某些特殊牌张，如你的缺门、你手上四头炸弹的另外四张、回贡的牌是否出来了。牌都能记住的人不多，能记前三条就已经不错了。

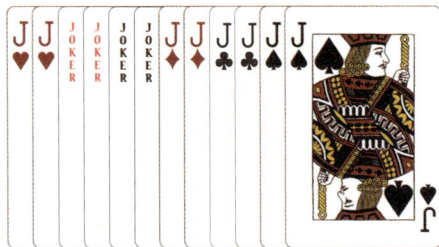

本副牌打 J，至少要记住四大天王、两张红心级牌和六张级牌

套牌

　　上家发的牌可以顺套，由对家作适当封压。牌很好时也可以直接封压，亮出自己的牌型。下家出牌，对家可顺套，去掉一个轮次，自己再考虑是封压还是顺套。对家如出杂花顺或三带对，自己牌优时可以套一轮，减少一个轮次，同时也是向对家发出牌语，让他注意配合。

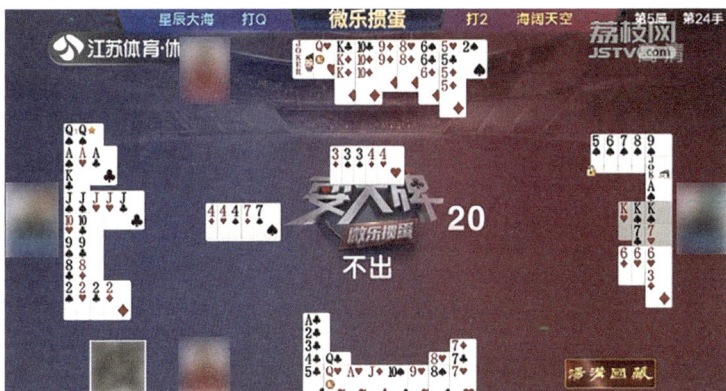

面对北家的三带对，西家顺套，东家卡压

送牌

送牌（传牌）俗称喂牌。两人搭档参赛，就是一个团队，要记住"功成不必在我，功成必定有我"。牌力弱的一方，要给对家送牌，牌送准了，对家就能得上游。前期送牌可以从小送到大，残局送牌可以从大送到小。

东家给西家送对子

控牌

对于对方的牌要控制,尤其要控制下家的单张。在自己不能得上游的情况下,小单不能轻易放出,防止下家过了单张以后,就形成冲刺牌。要控制下家的牌型,下家主打的牌型,就是要防控的牌型。如下家出的是小的三带对,对家可以顺套,自己不能跟着套,要进行防守,用大的三带对封,或者直接炸掉。顺子同理。

北家应用炸弹控制下家牌

让牌

初步学习打掼蛋的人,一般都不知道让牌,反正有压的就上,少一张是一张,这是不可取的。在对家牌力强而自己牌力弱时,要做到见花不垫;接受对方的双贡牌时,牌弱方不抢上大小王,让对家接手,并观察他的牌型,做好喂牌的准备;牌型较顺、净剩两个炸弹时,在上下家牌足够多的情况下,可让一手牌再出炸弹,往往能骗到对方的炸弹。

本副牌打 Q，北家没压，让给南家压

忍牌

　　初学选手对对家发出的牌往往有牌就压，容易带来两个问题：一是抬高了级数，堵住了对家的路；二是中残局需要自己送牌时自己已没有这种牌型了，非常后悔。对对方出的牌，有时也需要忍，如上家打出对家需要的牌型，自己又不能做上游，就要忍一手，让对家走一轮牌，他就有可能取得上游。

西家忍到最后，终于能给对家送牌了

抢牌

在你的牌比较好、有做上游的可能性时，如同时握有单张大小王，上家出参谋级牌，你可以先上大王，争取主动，亮出牌型，让对家知晓，而小王则以后跟着顺套。如果你的牌力比较弱，则一定不要抢对家的牌。不具备做上游的条件而抢压对家的牌是水平不高的表现。中局前后，当自己有可能做上游时，对家发出的牌则可以压，压了以后自己可以少一个轮次。

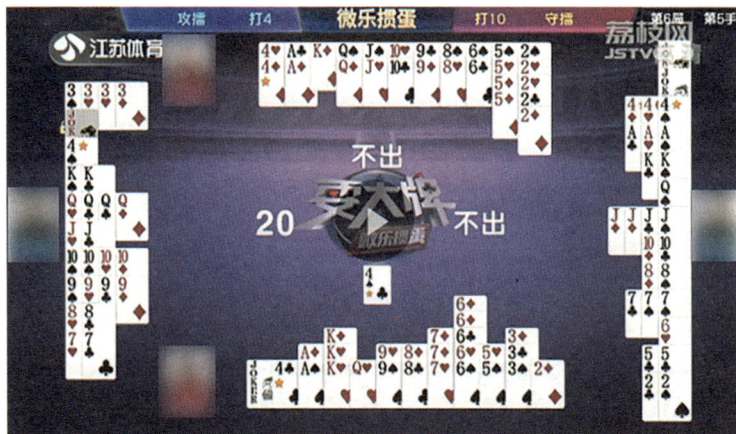

东家有大小王没压，西家可抢上大王，打出主打牌型，让对家助攻

算牌

算牌就是指根据已出过的牌、进贡和回贡的牌，对照手上剩余的牌，算出剩下的牌的分布情况。例如，自己手上有五张8，对家出了一对8，剩下的一张8大概率在对方手上。对方

在打单张时没出过这张 8，那么这张 8 有可能组成了火箭或杂花顺，当然也不能完全排除杂花顺或火箭在对家的可能性。假如剩下的这张 8 是红桃，就要多留意红桃的分布情况，自己有多少张 8 周围的红桃，外面出了多少张 8 周围的红桃。如果基本上没见到红桃，就可以确定有含 8 在内的红桃火箭，在行牌过程中要留意对方手上牌的张数，确保他不能用这个同花火箭冲刺。

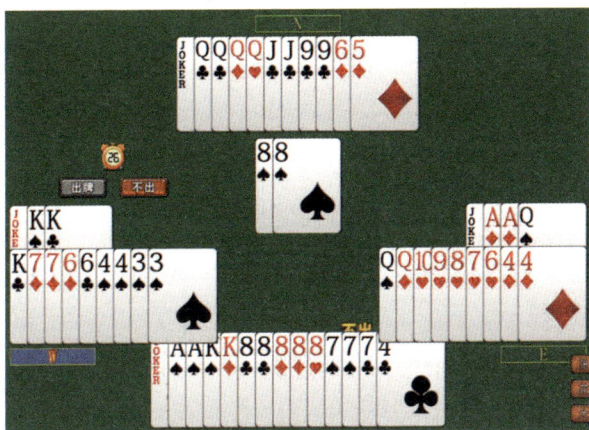

本幅牌打 A，南家有 88888，北家出了 88，剩一张红桃 8 有可能在东家或西家

辨牌

辨牌是指通过对另三家牌的辨别，猜测他们出牌的意图，判断他们的主要牌型。如对家接自己的牌，暗示他的牌力较大，有做上游的可能，则自己尽量配合他，为他送牌。在对方两人中，通过辨别，找准谁有做上游的可能，搭档两人尽量把火用在对方想做上游的那个人身上。

东家 JJ 接西家的牌，说明东家牌力可能较强

偷牌

　　偷牌是一种心理战。在自己轮次稍多想做上游时，往往需要偷一手牌。如打三连对（先发一两组对子更佳）、钢板等，对方如不压，你就少了一个轮次。有的选手在残局时利用对方"火不炸四"的心理，打成假四头炸，如果对方不要，出三张留一张大单，或者出一小对留一大对，让对方不好防守而取得上游。

东家如先发三连对，就是想偷走一轮牌

变牌

　　变化应该是掼蛋的灵魂。变牌就是指在对局时，要尽量保留各种变化的可能性，以适应牌局的需要。下图中，有8至Q、9至K两个杂花顺，其中含910JQ四连对，遇对方打三连对时，可变化成三连对压住，留8和K两个单张。

两个杂花顺需要时可组成三连对

　　下图中，2至6和3至7也是两个杂花顺，当对方打小三连对时，是否压就要慎重了，因为压了以后就留下2和7两个小单张，不易顺过。

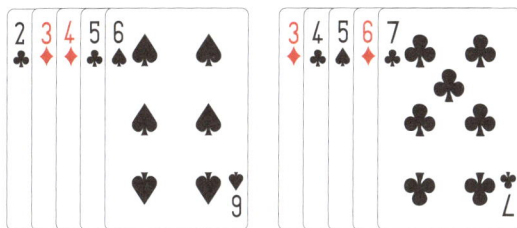

如组三连对，则2和7不易顺过

炸牌

　　用炸弹的节点要准确。在一般情况下，骑马枪必追，对方剩五张牌时如判断不是火则必炸。自己手握重火，对方剩八张牌可以不炸，因为他如果有两个炸弹你也防不了。如果他是"五二一"牌型，他出一张，压住后还他一张；他出一对，压住后还他一对；他冲刺，则用重火压住。自己有九张牌剩两火时，尽量先用四头炸，留五张骗火，但上下家牌少时也可以不去骗火，以确保自己安全。

南家剩五张，东家应用 KKKKK 加炸

操牌

"操"是方言，属贬义词，如指责某人捣乱时称"瞎操蛋"。打操牌是牌场上常用的策略之一。自己的牌太弱时就该打操牌，吸引对方火力，掩护对家争上游。如出三不带，不出小、光出大等。还有在残局时把自己打成剩五张，以吸引对方下炸弹，减轻对家的压力。

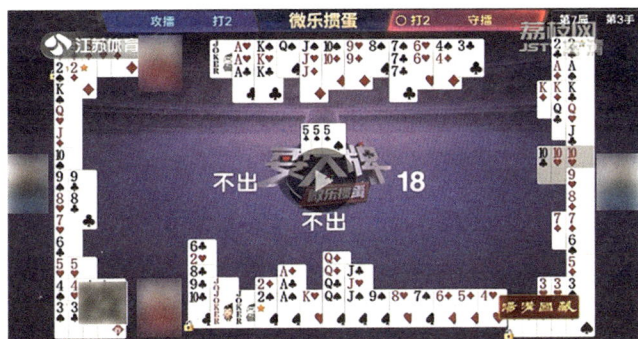

北家出三不带,属操牌

藏牌

这里说的藏牌,不是指把牌藏起来的犯规行为,而是指选手在行牌过程中故意将有些牌型藏在手中不出,以迷惑对方。

例如,手上握有大王和 6666 炸弹,以及 AAA 和 KKK 两个三带对(本副牌打 A),先打 AAA99,而把 KKK1010 藏起来不出,对方如误认为他没有三带对就打出三带对牌型,正中下怀!

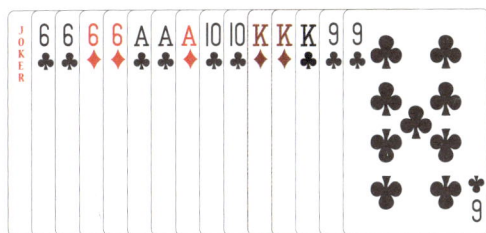

先打 AAA99,把 KKK1010 藏起来

再如,手上握有大小王、678910 同花顺及 4444 炸弹,在牌面就剩大小王各一张的情况下(本副牌打 J),为了诱火,可先打大王,而把小王藏在手上。

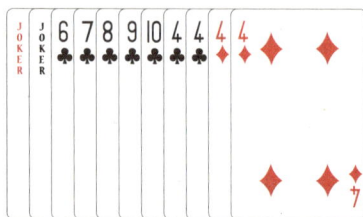

先打大王诱火，藏起小王

拆牌

　　拆牌就是指在残局中，在己方单张牌占优势的情况下，判断对方是整牌型时，把自己的成型牌拆成单张来打的一种方法。对方如不拆牌压，就一张一张地出牌；对方如拆牌应对，就把他拆剩的牌牢牢控住，以取得己方的胜利。在残局中，对于对方发的单张牌，由助攻者拆牌抵挡，而主攻者则保持牌型的齐整性，等待时机。

本副牌打 2，北家可以先拆 K 压

配牌

　　配牌如何使用，有很深的学问。这里说的配牌，主要是指逢人配。牌优时逢人配一是配成轮次，去单去小对，如锯齿牌，一对 3、一对 5、一张单 4，又没有大的三同张带，加上逢人配，就成了 345 三连对，或者有可能的话配成杂花顺，去掉三四个小单张。二是配成火箭。三是配成炸弹。四是配成三带对或对子等。牌力很弱时，可根据对家的需要再选择配成什么牌。

本副牌打 J，可配成 345 三连对

赏牌

在已出版的掼蛋著作中，很少有人专门讲赏牌，我想对一名选手来说，赏牌还是很有必要的。赏牌就是指在对局时当搭档打出好牌时你要欣赏，一副牌打完后表扬对家一两句，相当于国家女排队员的击掌或国家男篮队员的撞胸动作。比赛时坚决不抱怨对家，以免影响他的情绪和思维。有人不断抱怨对家，对家会产生很大的压力，有时都不知道怎样出牌才好。

5

用辩证的思维打掼蛋

　　"辩证"一词在《现代汉语词典》中的解释为辨析考证。我认为，辩证思维包含在掼蛋的全过程中，选手在参赛或切磋的过程中，对平时掌握的口诀和民间俗语等，还需要辩证思考，灵活运用，绝不可死搬教条。下面谈谈我的体会，希望对初学者有所帮助。

关于开局出成型牌

　　在一般情况下，不主张开局就出成型牌，特别是三带对和杂花顺。

　　如出三连对或钢板等成型牌，有可能是想偷一手牌（对方如不压）。如不出成型牌，出对子，叫"情况不明，对子先行"；出小单张，一般是"有想法"；出中高单张有可能是防守牌；出三不带，俗称"三不带，毒怪怪"，大多属操牌。这类似于树木的修剪，修剪成功以后再发成型牌。

　　但当对家上游受贡，且回贡在 8 或以上的牌时，说明他单张少且大，牌型整齐，搭档可尝试开局就发对子、杂花顺或三带对等牌型，探究对家的主要牌型并做好助攻。

　　在单张牌和对子较少且牌力较强、有可能做上游的情况下，开局发成型牌也是可以的。否则，一走五张牌，容易成全对方做上游，自己则后悔不已。

情况不明，对子先行

关于控制下家牌

我们都知道要"炸上家，控下家，送对家"，尤其对下家单张的控制格外重要。但在实战中，有时在控住下家的同时，也间接控死了对家。所以，控不控、何时控、如何控，很有学问。

对家担任主攻时发的牌，有时可以让一手，即使下家过一手牌也不要紧，因为对家如能多过一手牌，往往能冲刺成功或变成净火，这在牌局中并不鲜见。

在残局阶段对家发的单张一般不要压，不要抬高牌级，防止他还有一个单张需要过。技术高超的选手，在控牌方面都会该控的控，不该控的不控，做到把握分寸，运用自如。

北家对下家的单张控制不严

关于助攻给对家送牌

在对局中，两位搭档在一般情况下一位是主攻，另一位是助攻，当定位自己是助攻时，就要负责给主攻的对家送牌。在一般情况下，对家首发什么牌型就送什么牌型，如发对子就送对子，发三带对就送三带对等。

但有时候也要考虑对家可能有其他牌型，所以在判断对家已没有首发牌型时，如打了四轮对子后，就可以尝试换一种牌型送给对家。对家不要三带对有可能是顺子的牌型，而不要顺子则有可能是三带对的牌型。

本副牌打6，东家用红心级牌加红桃3组成小对送西家，精准！

关于"小火大轮次"

选手握有一两张逢人配组牌时，常遇到组"小火大轮次"还是组"大火小轮次"的困惑。

组"小火大轮次"的优点是牌型可以丰富一点，大轮次（牌型）也能压一轮牌，加上小火，相当于两个或两个以上炸弹的威力；缺点是遇对方以中等以上火箭冲刺时会望洋兴叹。

而组"大火小轮次"的缺点是牌虽齐整，但只有一个炸弹存在，牌型不全；优点是可以强力阻止对方以小于自己的炸弹冲刺。如何选择，在实战中要靠选手灵活把握并不断总结得失，以提高自己的技战术水平。我们主张一般情况下，组"小火大轮次"，而在对方双贡己方、自己已经能够单控的情况下，小火箭与大小王显得有些重复，就要组成"大火小轮次"，防止对方最后冲刺。

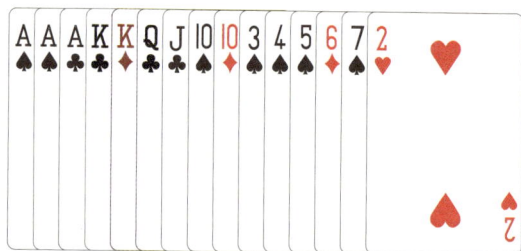

本副牌打 2，红桃 2 加黑桃 3457 组成同花火箭，是一种较好的选择

关于"打少不打多"

在上下家牌的张数不同的情况下，要特别注意牌少的一方，比如只有十张或更少的牌的一方，只要他动牌了，自己和

对家尽量要压牌，不能给他再出牌而形成抱纯火的机会。而牌多的一方如有二十多张牌，一般来说即使出了占大的牌或出了炸弹，让他再出一轮牌也无妨。

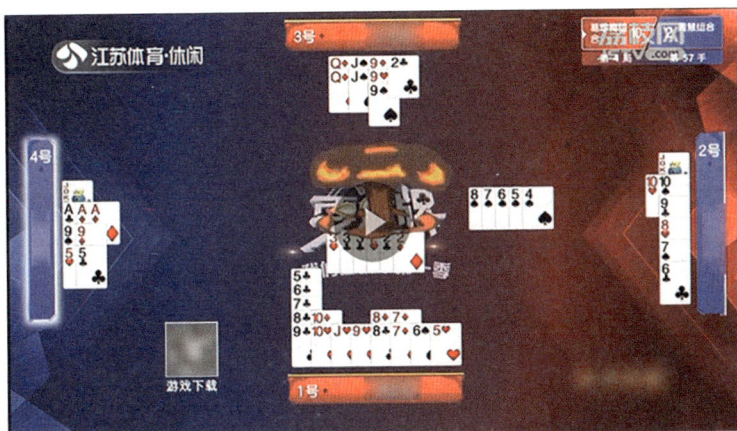

东家对牌多的南家可不急于下同花顺

但是，对牌还多的上家或下家也不能丧失警惕，要判断他的牌型，认准他的定位，注意他的动向，猜测他的实力。因为他在小单张、对子等修剪成功后，可能会发动突袭，成型牌一出就是五六张，再配以火箭或四头以上的炸弹冲刺，你就措手不及了。

关于套牌和卡压

对方首发的成型牌，常见的是三带对和杂花顺（不讨论三连对和钢板）两种，正常情况下自己先套牌，由自己的对家卡压，对发牌方实行控制。

　　但也有对方首发成型牌后，自己先行用大的成型牌卡压，接着亮出自己的主打牌型，而对家大的成型牌待他的上家出此成型牌时用于防守。这两种方式选手在实战中需灵活掌握和运用。

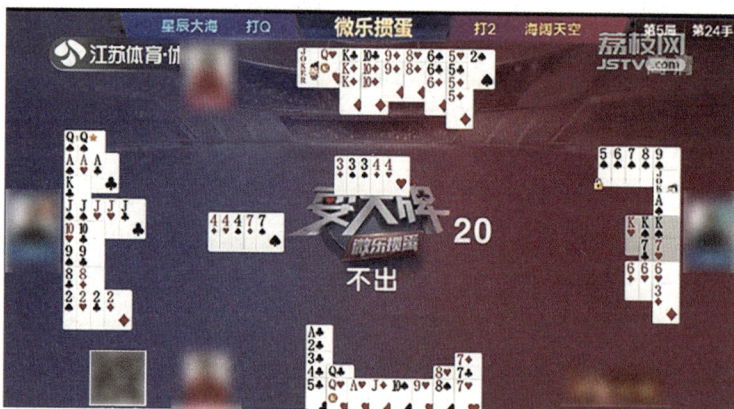

西家可套牌，东家要注意卡压

关于"枪不打四"和"枪必打四"

　　"枪不打四"是大家非常熟知的俗语。这是说对方最后剩四张牌时，自己有炸弹可以压牌，但当自己手上剩下的牌一轮走不尽，而对方如剩下的牌是纯炸弹时，则不如不炸，以免造成炸弹浪费。

　　但在实战中对方往往有"假四"的情况。如有一张大王（或最大的单牌）和三同张，发三同张留大单在手；如有两对（其中有一级牌对子或王对），发出一对留一对。这两种情况很难防守。这时，就不能一味地坚持"枪不打四"，而应"枪必打四"，让对方手上留两轮牌，以便于控制。

一般情况下"枪不打四"，防止东家是纯炸弹

关于"逢五必炸"

　　针对对方的剩余牌张，有"逢五必炸""逢九必炸""逢十必炸"之说，还有在对方剩五张牌时"五必治"之说。这些说法有点道理，但也要根据牌局情况辩证看待。

　　五张、九张、十张牌既有都是纯炸弹的可能，也有一火一轮或不是纯火的可能。事实上对方牌张在十一或十二张还没报牌张时，你就要进入警戒状态，很可能对方已成一火两轮之势，如果让他再出一轮牌，他的火箭或炸弹足够大，那么他取胜就无法阻挡。掼蛋高手们往往能记得对方的牌张，在对方剩十一、十二张有可能是一火两轮的情况下就用炸弹踩刹车，让对方因多一轮牌而无法冲刺。

南家剩五张，东家上炸弹压住

关于"炸七不炸八"

"炸七不炸八"大家很熟悉。"炸七"说的是当对方剩七张牌时要炸，防止他是"五二""四三"牌型，再出一手牌便成为净火。但如果你判断他是"五一一""四一一一"等牌型，不是两手牌，你也可以不炸，看他如何出牌，再作应对。

"不炸八"说的是当对方剩八张牌时，你如果手握重火就可不炸，因为他如果剩两个四头炸弹，炸了也无用。八张牌以"五二一"牌型居多，如果判断对方是"五二一"牌型，而且你手上握有重火，可以不炸。对方如果出单张，你压住以后回单张；对方如果出一对，你压住以后就回一对；对方如果用炸弹冲刺，你则用重火管制。但如果你手上无重火，则用小火去踩个刹车也是不错的选择。

"不炸八"是防止东家有两个纯火

关于主动和被动下炸牌

　　主动下炸牌一般是主动进攻的行为，如自己主发的牌被对方的大牌压掉，自己还想出牌而动用炸弹，甚至在被对方压掉以后继续使用炸弹压制对方，都属于主动下炸牌。

　　被动下炸牌一般是防守行为，如在对方最后冲刺时自己使用炸弹，或者怀疑对方使用炸弹后想急于亮出主打牌型时自己加压炸弹。

　　比赛中选手分清对方是主动下炸牌还是被动下炸牌很重要。当自己有两个炸或两个以上炸弹时，炸弹要尽量炸在对方的主攻选手身上或者上家的登基牌（就是只有上炸弹才能压得住的牌）上。

　　对方被动打出的炸弹，不一定要跟炸。如果你只有一手炸弹，尽量不动火，以免让对家误会。

东家的 10101010 是主动下的炸牌，北家的 AAAA 是被动下的炸牌

关于大小炸弹的使用

在掼蛋对局中，正常情况下先上小炸弹，后上大炸弹，循序渐进，如先上四头炸弹，后上五头炸弹，火箭（同花顺）放在最后使用。如果选手出的第一个炸弹就是五头炸弹，如QQQQQ，很可能他后面还有一个同花火箭。

掼蛋高手们有时会有反常规的思维，如自己手上握有一个34567 同花顺，以及 9999 和 QQ，会先用同花顺炸出去，能得大再发 QQ。如同花顺被对方压掉，那么对方可能会判断他手上还有个同花顺，"五一"的牌型可能性大，不敢打单牌，如没有成型牌出会打出小于 QQ 的对子，正中下怀，自己的牌就变成纯炸弹了。

本副牌打 8，西家先用小炸弹，大炸弹（同花顺）留着待用

关于七头以上的炸弹

牌手都喜欢炸弹，炸弹头数越多，炸弹威力也就越大。但七头以上的炸弹虽然威力很大，并不意味着牌手的实力会增强。

用辩证观点看，七头以上炸弹，并不一定会增强牌手实力，因为一方面它挤占了其余牌张的空间，另一方面减小了牌型的可变性。

还有的牌手会沉浸在七头炸弹的喜悦之中，总幻想着能给对方以致命一击。八头炸弹除去特殊情况外，分为两个炸弹应该是不错的选择，既经济又实惠。

九头和十头炸弹理论上是存在的，但在实战中并不容易见到，这里就不予讨论。

南家七头炸弹留六头炸弹就够了

关于"骑马火"的使用

所谓"骑马火",是指只比对方大一级的炸弹,如5555压4444,同花顺78910J压同花顺678910。在一般情况下,骑马火要下,因为你这次不下,下一次对方出的牌可能更大,你就没有办法去压了。所以民间有"骑马火必压"一说。

但有一种情况除外,比如你的上家只是被动地使用炸弹,明显属于帮助他的对家,处于助攻的地位,而你的下家急于跑牌争上游,此时你不一定要机械地对上家压上骑马火,而应该把该骑马火使用在急于做上游的下家身上。

南家 3333 压西家 2222 就叫"骑马火"

关于四大天王

四大天王是指四个王合在一起用。四大天王威力大，无可匹敌，是炸弹中的"巨无霸"（又称"王炸"）。四大天王如拆开来用，则不如炸弹的威力大。

在自己除四大天王外还有两三个火的情况下，尽量不要拆开来用，在最后发挥它的巨大威力。

当自己的炸弹较少或较小、难以取得出牌权时，可以考虑拆开王炸，无论发单、出对，都具有绝对的控制权（虽然容易招炸），支持对家获得上游。

四大天王要拆就早拆，不能犹豫不决拖到残局时才拆而贻误战机。正常情况下先出小王后出大王，在非贡牌情况下，有的选手手握四大天王，先出大王隐藏小王，既骗了对方，也误导了对家，让对家感到迷茫。双贡给对方而自己手上无王时，可用参谋级牌试一下，如对方没有用大小王压牌，那么四大天王在一家的可能性较大，你得谨慎小心了。

南家的四大天王是"巨无霸"

关于组牌与拆牌

组牌和拆牌是相对的两个词组。

组牌是指选手抓到牌张以后，根据牌可以组合成同花顺、杂花顺、三带对、三连对等各种牌型。有红心级牌时，变化则更多。组牌的目的，在于使手上的27张牌轮次最优，单张最少，战斗力最强。组牌是掼蛋的基础，也是掼蛋定位的先决条件。简明的牌型可以先定位，复杂的牌型需要先简单组牌再进行定位。掼蛋的高手在组牌时会保留各种变化的可能性，随着牌局的发展而决定出牌的形式或顺序。

所谓拆牌，也称拆分，是指根据牌局的需要，把已经组好的型牌，如对子、三带对、杂花顺等拆开使用。在对方完全是成型牌如三带对或顺子的情况下，拆分的打法极具攻击性，对方一旦应对，就立即将自己的一手牌变成两手或四手牌。掼蛋中的拆牌既是对局的需要，也体现了掼蛋变数重重。面对对方的打单，助攻的人往往负责拆分抵挡，主攻的人则保留牌型，等对家送牌或正常套牌。

本副牌打 6，南家有红心级牌，就有了多种组牌方式

关于残局抹着打

在残局中需要抹着对方打，这是我们经常强调的观点。如你手上有 78910J 火箭加一张大王和 10，而下家有 910JQK 火箭加 8 和 K，你应该先打大王后打 10。如你先打 10 让下家走掉了 K，结果就不一样了。

但有时候在残局中也需要随机应变，不必抹着对方打。如你手上有 34567 小杂花顺、一张大王和一个五头炸弹，因炸弹不一定算大，先打大王就不一定合理了。你可以先打杂花顺，留大王在手。

西家出的 KK 属于拤着对方打

关于骗招的使用

　　高手对局时会有骗招出现。所谓骗招，就是欺骗的招法。如在残局中，你手上有 5555、AAA 和 77799（本副牌打 8），发牌时你可先发 5555，再发 AAA，让对方以为你手上的五张肯定是炸弹而不敢封压，从而投机成功。

　　但这种骗招最好在水平中等的选手面前使用。在和水平较低的选手对局时，他们本着"逢五必炸"的原则，炸了你的 AAA，你就哭笑不得了。而水平较高的选手能够精确地算出你手上的牌型，想投机成功也不是件容易的事。

　　最后十张牌，剩两个差不多大的火箭，其中一张是红心级牌，可考虑把其中一个火箭调为杂花顺发出，说不定能帮对家带走一轮牌，或者吸引出对方的一个炸弹，从而减轻对家的压力。

本副牌打 J，东家如变 10JQKA 为杂花顺可诱火

关于"强牌弱打"和"弱牌强打"

要辩证地看待强牌和弱牌。你的牌强，对家和对方的牌也可能强；你的牌弱，对家和对方也不排除牌弱的可能。

"强牌弱打"是指在牌较强的情况下，出牌不要太强势，化装潜行，不引起对方的注意，容易套到一两轮牌；或者出大牌时不被对方下炸弹阻击，待到牌面修剪成功，一举进攻取得上游。有时在残局阶段剩两个纯火，还能骗到对方的炸弹，减轻对家的压力。

所谓"弱牌强打"，有点打操牌的味道。虽有炸弹，但牌很散，做上游无望，就要打得坚决果断，如先出大牌消耗对方的大牌，让对家的级牌等能得大。也可出牌打成只剩九张或五张牌，吸引对方火力，破坏对方牌型，配合对家取得上游或不被对方打成双下。"弱牌强打"要有勇于牺牲的精神，尽可能多地吸引出对方的炸弹。

　　值得注意的是，手上连一个炸弹也没有的弱牌，只适合打防守牌，保留各种牌型对对方进行阻击或给对家送牌。

南家改出 99966 是另一种较好的选择

关于使用垫炸

　　垫炸是掼蛋中的高级技巧，类似于篮球比赛中的空中接力。

　　垫炸一般都出现在残局阶段，在上家压了一轮大牌或使用四头炸弹后还剩四五张牌，而且明显是炸弹即将取得上游的情况下，自己如果只剩两火一轮且有一个通天同花顺或六头炸弹（甚至四大天王）时，可以考虑使用垫炸战术。自己用大于上家的四头炸弹的牌压上，对家必须心领神会，用比对方稍大的炸弹或小同花顺压上（否则对方就上游了），自己再上大炸弹清牌，取得上游。

　　使用垫炸技术一定要计算精确。一是要判断上家剩下的是纯火，不采用垫炸上家就上游了。二是估计对家有能压得住对方的炸牌，还需要比自己的炸弹小，比对方的炸弹大。因为对家的炸弹如比对方小，对方照样得上游，对家的炸弹如比自己的炸弹大，那就无法使用垫炸战术。三是垫炸成功可以极大地提升己方的士气，但如果使用失当，也会起到相反的效果。

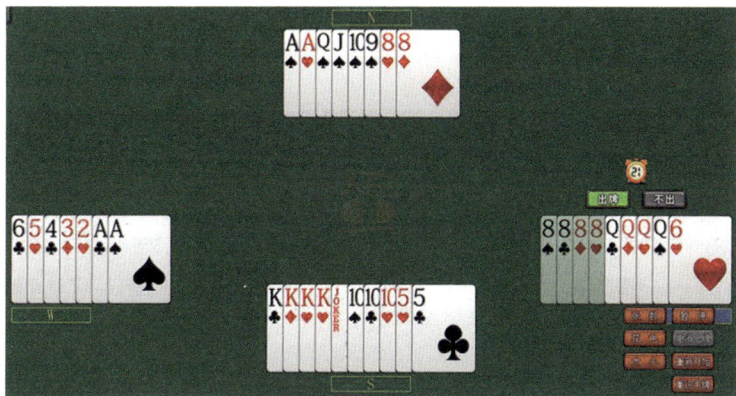

本副牌打 A。东家先发 8888 再发单 6，北家上黑桃 9，南家上 KKKK，北家再上 10JQKA 火箭，就形成了垫炸

关于逆向思维出牌

选手在对局过程中，用牌语进行沟通很正常。如在开局时自己不具备做上游的条件，除单张以外，轻易不接对家牌。在取得出牌机会后，给对家送牌，当助攻等。

但值得注意的是，有的高手会逆向思维出牌，明明自己的牌不能做上游，或者牌力较弱，故意在对家出对、出三带对或杂花顺时主动接牌，装成牌较好当主攻的姿态，并且连续地发较大的牌型，做出想冲刺的样子，以此吸引上下家的火力，从而让对家减轻压力，取得上游。

有的人对子很多，故意先打一个三不带，让对方误认为他没有对子而打出对子；有的人先打个小杂花顺，等着套三带对；有的人先打个小三带对，然后等着套大顺子，一旦套到一轮牌，他就发起总攻。

也有的人牌较强，第一轮不接牌，第二轮时顺套一两手牌，不引起对方的注意。等他最后冲刺时，对方已无法阻挡了。

本副牌打 5。东家先发小王，再发 55，对方没敢压，投机成功

关于打与对家和对方一样的牌型

在切磋或参赛时，打与自己对家一样的牌型很正常，尤其是当自己作为助攻方时，一般会和负责主攻的对家保持一致，围绕对家亮出的主打牌型，为他送牌，直至把对家送成上游。对家发对子，自己就送对子；对家发小杂花顺被对方封掉了，自己就再送个小顺子试试。

在与对方较量时，一般都尽量避开对方的牌型发牌。对方打杂花顺，自己就打三带对；对方打三不带，自己就打对子。

但也有的高手在自己和对方牌型相同的情况下，就打和对方一样的牌型，如三带对，理由是把此牌型打透，即使打五个三带对、五五二十五张牌，不可能一下子把二十七张牌走完，然后再控制对方剩下的对子或两个单张，也会取得较好的效果。

东家围绕西家的主打牌型对子发牌

关于如何看待好牌与孬牌

　　掼蛋游戏存在着牌运，抓到的牌会有好孬之分。牌运好时，牌齐整，炸弹多，手数少，有的甚至为龙牌。牌运差时，一手孬牌，炸弹少，手数多，甚至一个炸弹都没有。

　　抓到好牌莫得意。抓到好牌要打好，确保不失误，确保得上游。一是要"强牌弱打"，不过早地暴露实力，争取多引出对方的炸弹，减轻对家的压力；二是要照顾对家牌型，带着对家走，让对家借风，打对方双下；三是坚决做到不失误，如出现失误，牌势或许就转了。

　　抓到孬牌莫心急。掼蛋高手们也都是处理孬牌的高手。一方面可视情况打操牌或打防守牌。打操牌争取引出对方的火，掩护对家取得上游；一个炸弹都没有就打好防守牌，尽可能多地保留各种牌型，对对方实施阻击和送出对家需要的牌型。另一方面可等待对方失误。对方一旦出现失误，牌势或许就能转过来。抓到孬牌只要做到不出错，就足以欣慰了。

西家一火没有，就要保留各种牌型，为对家助攻

6

正确理牌打掼蛋

　　掼蛋是大家喜爱的竞技项目。国家体育总局棋牌运动管理中心于 2022 年 10 月发布了《竞技掼蛋竞赛规则（试行）》。2023 年 10 月在江苏淮安举行的第五届全国智力运动会表演项目掼牌（掼蛋）比赛，吸引了许多人参与这一项目。

2022 年 10 月发布　　　　　座位示意图

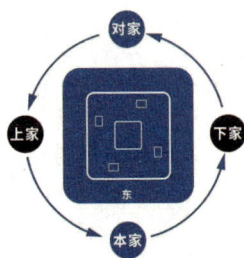

　　掼蛋比赛使用两副扑克牌，共 108 张牌，每人 27 张。打牌时，首先要把 27 张牌抓在手上。对于初学者来说，掌握正确的理牌方法，是很重要的。

基本的理牌方式

　　目前掼蛋基本的理牌方式大致有以下三种：

　　一是从大到小，整理好的炸弹或同花顺放在左边。

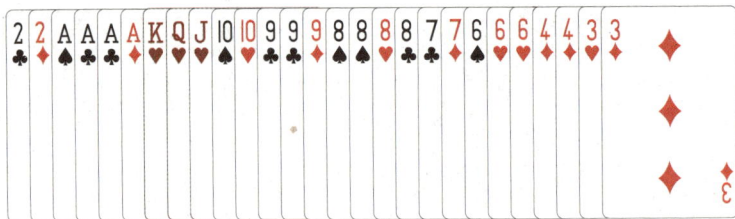

本副牌打 2，从大到小排列

二是从小到大，整理好的炸弹或同花顺放在右边。

本副牌打 2，从小到大排列

三是排列无规律。牌胡乱插放，旁观者看不懂，但自己能看得懂。和少数人打麻将时乱放牌一样，这样的选手一般都是高手，这里不多讨论。

理牌的前两种方式的优点是一目了然，缺点是容易被对方发现规律。第三种理牌方式的优点是对方不容易发现理牌的规律，缺点是自己一不小心可能抽错牌而造成遗憾。

其他理牌方式

为了既避免在打牌时被对方识破规律，也便于自己看牌、变牌，还有以下四种理牌方式供大家参考。

一是建"高楼"，缩长度。所谓建"高楼"，就是把同样大小的牌叠起来摆放，建"高楼"的同时，就会缩短长度，手上的牌也相对好抓一些。

二是分散放，不固定。对组好的炸弹或同花顺不放在同一边，左边有，右边有，中间也有。

三是调位置，常变化。经常调换牌的位置，让对方产生误解，这也是很多高手常用的手法。如最后剩的是"五二"牌型——五头炸弹和一个对子，故意把一对牌一边放一张，五头炸弹从中间抽出，让对方误认为自己还有两个单张而不予追炸。

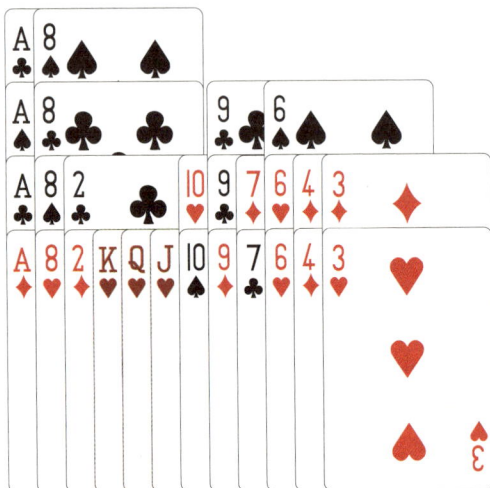

建高楼，缩长度

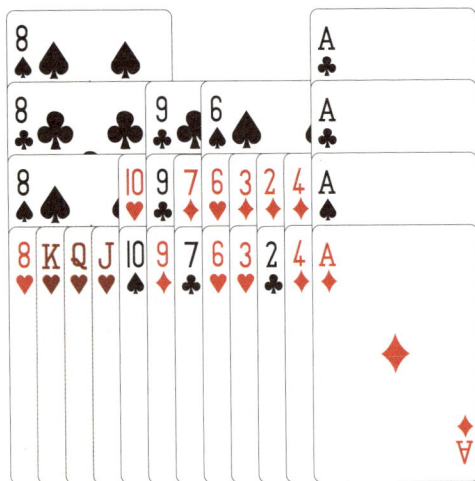

四头炸弹分两边摆放

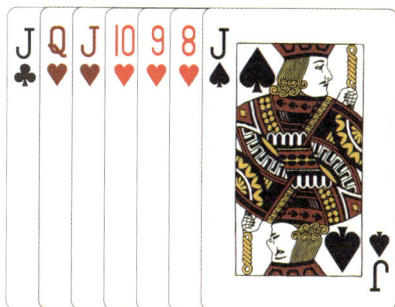

一对 JJ 放两边

再比如就剩四头炸弹和同花顺两手牌，有把握争得上游，想诱出对方的炸弹，以减轻对家的负担，就把四头炸弹放在中间抽出，让对方误以为自己还剩三带对而加压，从而达到引诱出对方炸弹的目的。

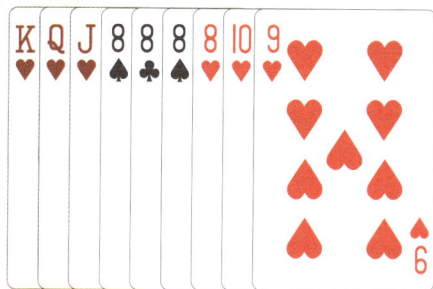

四头炸弹插放在同花顺中间

四是握有红心级牌（逢人配），在手中有组成同花顺可能的情况下，把同花色的牌整理到最下面一排，防止行牌时抽错牌而错失组成同花顺的机会。

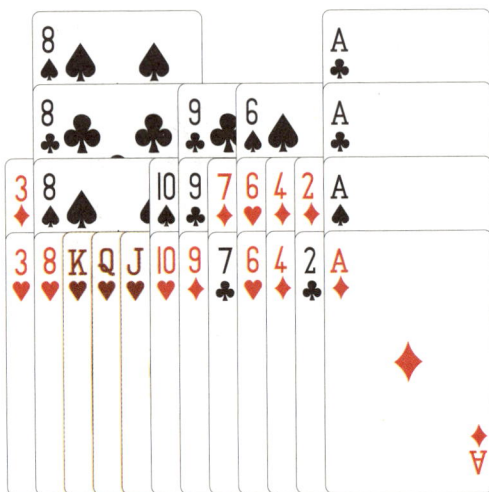

本副牌打 3，红桃放在最下面一排

7

分析牌型打掼蛋

掼蛋具有很强的娱乐性、参与性、观赏性和竞技性，能提高人的记忆力、判断力、分析力和合作意识。由于其简单易学、老少皆宜、愉悦身心，深受大众喜爱，近几年来在许多城市蓬勃发展并呈现普及态势。

掼蛋是以两副扑克牌为竞赛工具，四人参与、两两结对进行的智力竞技项目。选手按照逆时针方向依次抓牌和打牌，以打完手中所有牌的先后决定升级，以升级数的多少决定胜负。

国家体育总局棋牌运动管理中心发布的《竞技掼蛋竞赛规则（试行）》中，对掼蛋牌型的定义由过去的 8 种改为 10 种（把炸弹细分为炸弹、同花顺、四大天王），分为单张、对子（一对）、三连对（木板）、三同张（三不带）、三同连张（钢板）、三带对（夯）、顺子（杂花顺）、炸弹、同花顺（火箭）和四大天王（王炸）。这些牌型在运用中，有若干解读，充满了辩证思维。

掼蛋十种牌型

单张

1

对子

2

三连对

3

三同张

4

三同连张

5

三带对

6

顺子

7

炸弹

8

同花顺

9

四大天王

10

单张

单牌——任意一张牌，也称"单牌"，可以说是掼蛋中数量最多的牌型（没有之一），二十七张牌都可以变成单牌。单牌也是掼蛋中最常打的牌型，所以有选手说"得单牌者得天下"，类似于篮球场上的"得内线者得天下"。

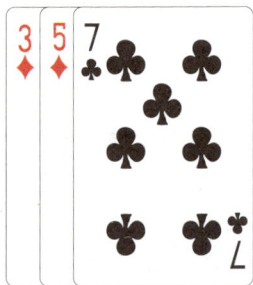

单张

单牌简易明了，容易判断和驾驭。正因为它有这个特点，在比赛过程中，其他牌型往往向单牌转化，使单牌成为轮次之王。

首发先打小单张，不控下家单张，是打进攻牌，有强烈的做上游的欲望，因为单牌是最没有变化的，也是最能进可攻退可守的；首发先打中、高单，控制下家小单张，是打防守牌，或者牌力非常强大，手上就没有小单牌；自己进贡大王给对家，首发单张，也可能是想把牌权交给对家。

如果自己小单张很多，牌力很弱，是下游的牌，首发可以不打小单牌，因为自己打了还是下游，而且还有成全下家做上游的可能。

有小单牌不打留手上有用吗？如果自己手上的牌到十张

左右的时候，打出大的成型牌或用小火冲刺，留下五张小单牌，很可能引出对方的炸弹。如果对家能乘机做上游，这叫死得其所，死得光荣，自己的打法就演变成诱炸弹和操牌了。

对子

　　对子——两张牌点相同的牌型，使用率仅次于单牌，因为除单牌外，对子成型的概率最大。对子是进攻的利器，可以打到对方想吐。打对子又是试探对家和对方实力的有效手段，"情况不明，对子先行"就是侦察的常用手段。对子是掼蛋里最常见的短牌型之一，也是最不容易暴露自己牌力的牌型。

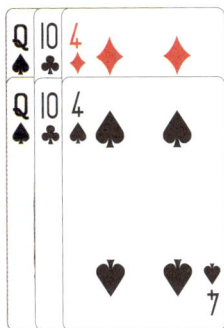

对子

　　当单牌实力较弱的一方打对子，对方以大对封牌，甚至不惜上王对和参谋对，这就平衡了双方单牌的实力。如对方冲刺剩五张牌时，打对子就成为好的选择。对方剩十张牌时，可以出对子把他的牌打成八张。

　　起手打对，可能是想试探对家的牌力，也可能是进攻的标志（打对子自己手上应起码有 QQ 以上的对子，大对子越多越好，越大越好，否则对子不能回收，容易让对家为难）。

先打对子，后打单张，对子就是残局中留给对家的桥。对方先不要对子，后勉强要，可能是三同张拆出来的或四头炸弹分成两对。

对方不要对子，你连续打，可以打到对方想吐。但你的对家已套了三四对，没有对子了，你依然送对子，可能把对家也打吐了。

在残局中送对家对子的要领是从大到小。当对家剩两张牌时，如果清楚是对子，在自己火力强的情况下，下家如有三张牌，则先送大点的对子，后送小对；下家如有五张牌，则先送倒数第三小的对子，再送倒数第二小的对子，最后送最小的对子。

对于对方发的对子和后面要讲到的三带对这两种牌型，套牌一般在三级左右，出牌的下家套牌，套牌者的对家封牌。封牌就是把对方的牌封死。

一般来说，对方发什么牌型，就要防什么牌型。你如果牌力很强，具备做上游的实力，也可以对上家发的牌进行封压，发出自己的主打牌型，让对家知晓并予以配合。

三连对

三连对就是三个牌点相邻的对子的牌型，俗称"三姐妹"。由于三连对需要三个连续的对子来组成，所以它在局牌中的占比较低。三连对即使被对方大的三连对压了，也会破坏他的牌型。

三连对

　　发三连对有时也有想偷一轮牌的可能。三连对如不想被对方封压，就不宜太早出。出得早，对方如有带肚子牌（有一个三同张），宁可剩一单牌在手，也会抽出牌来压你，所以你不如等打了一两轮对子或三带对后再出，到那时对方想压或许只能动用炸弹了。

　　出三连对的选手，手上会有杂花顺的可能。他如有大三连对回收，比如像 QQKKAA，那么他一般不会有从 Q 到 A 的三带对了。

　　三连对留在手上在残局时用来冲刺，也是不错的选择。

三同张

　　三同张就是三张牌点相同的牌型，俗称"三不带"。三不带是操牌的典型打法，"要使坏，三不带""三不带，毒怪怪"是人们常说的顺口溜。起手打三不带，大多数是操牌，少数是主打或主攻的牌型。

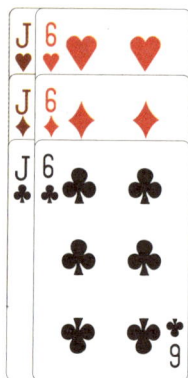

三同张

打三不带的人，手上一般不少于三个三不带，对子少或者大，不配套；或者对子多，故意打三不带引诱对方打对子；把钢板分成两个三不带来出，操牌的可能性较大；打三不带的人，手上往往留有一个三带对。

打三不带的作用，一是劣马换好马，二是扰乱对方军心，三是固定牌型。

对付三不带，一是不予理睬，三九二十七张牌走完算你狠。二是封压或者炸掉。三同张加上逢人配组成炸弹，即使不组成炸弹，带上对子也能相应减少手数。

打三不带，最好还有大的三不带收回，否则就要慎用。在残局阶段用三同张冲刺成功的牌例比比皆是，因此，我们主张在残局中尽量不拆三同张。例如，手上有一对 K 和三个 A，那么对方打单时，只要下家不是一张牌，建议拆 K 而不拆 A，因为三同张还可以变成对子，而如果拆 A，那么当对方用小三同张冲刺时，你便无计可施了。

三同连张

三同连张就是两个牌点相邻的三同张牌型，俗称"钢板"或"钢连"。三同连张是掼蛋中出现较少的牌型。实战中有副牌（该副牌打 J），残局时某选手剩 888999、AA 及 QQQQ，轮到该选手出牌，正常情况下他应出 888999，但他出了888AA，因为这个三带对不算大，所以被对方压掉。结果可想而知，他失去了得上游的机会。

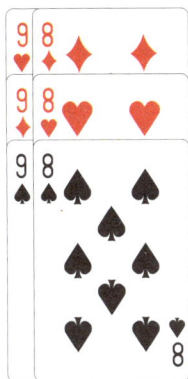

三同连张

打出两个或更多钢板的选手，在大部分情况下，炸弹很少，对子也不会太多。

三带对

三带对就是一个三同张带一个对子的牌型，俗称"夯"，也有人称"三带二"。三带对的优势是出得越多，跑得越快，所以它的使用率比三不带高出几倍。三带对的使用率高还有一个原因，那就是对所带的对子没有大小限制，较小的对子可以通过三同张被带走。

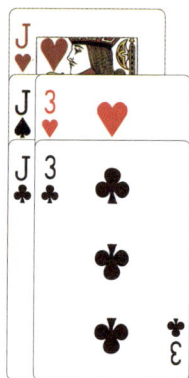

三带对

"有夯杂顺少，顺多夯就少。"你要研究夯的区间，如区间较大，不排除中间段有杂花顺或三连对的可能。例如，三带对是 10101044，那么就有可能存在 56789 杂花顺或三连对；如三带对是 10101055，中间只有 6789 四级，有杂花顺的可能性极小。

一直不要夯的人，手上有杂花顺的可能性非常大；同理，一直不要顺子的人，有夯或其他牌型的可能性就大。

顺子

顺子就是五个牌点相邻的单牌组成的牌型，俗称"杂花顺"或"杂顺"。杂花顺是掼蛋对"跑得快"（一种扑克牌游戏）规则的直接引用，只是限制了出牌的张数，而这一限制使掼蛋技术难度加大，趣味性骤增。顺子为大家喜爱，实战中几乎很少见到没有顺子的牌局。

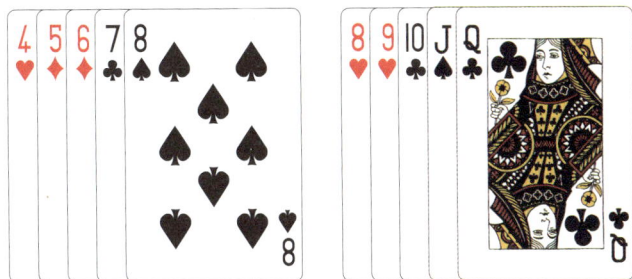

顺子

顺子的优势是能够串起单牌；劣势是单调性强，改变组合的难度较大，大多一旦组成，只能等待出牌机会。

掼蛋中有压牌"轻易不组顺"的说法，主要就是针对顺子的单调性而言的。实战中，为了压牌而组顺子，会使单牌增多或破坏其他牌型，至少会增加一手牌，最多会增加四手牌。可见，强行组顺往往是得不偿失的。

顺子不要轻易出，因为出顺子而让对方抓住机会的例子太多了，所以到对方还剩八张或七张牌时出顺子最佳。这也是著名的"不到八张不出顺"的由来。

有顺子常会有对子，但有对子不一定有顺子。自己有相近的两个顺子，可以先打大的后打小的；有中等以上相近的两个顺子，可以考虑组成三连对。

炸弹

炸弹就是四张或四张以上牌点相同的牌型，俗称"头火"或"火"。炸弹是掼蛋对"跑得快"规则的最好的继承。炸弹可以扭转局面，得大后，出自己或对家需要的牌型。

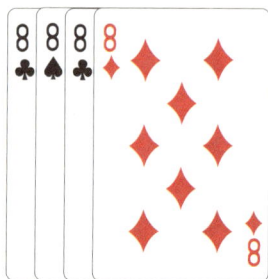

炸弹

在掼蛋实战中，大家都视头火（炸弹）如珍宝，除非不得已，一般不会拆头火去组合成其他牌型。

在实战中几乎见不到没有头火的牌局。很多人枪多会打，枪少则不会打，不知何时用。枪多不能浪费，要想办法引出对方的炸弹，浪费就是失误；枪少不能犹豫，犹豫就是贻误战机。

"头炸无大小"，说的是四头炸和五头炸有可能被压，不如同花顺的威力大。但六头炸的威力大于火箭，比较实用。七头炸有点多余，有时会影响其他牌型的组合。偶尔遇上八头炸，可以考虑拆成两个四头炸，来增加炸弹的数量。九头或十头炸则更加罕见（虽然理论上是有可能出现的），即使出现，也不能像四大天王那样可以独步天下，我们这里不予讨论。

同花顺

同花顺就是花色相同的顺子，俗称"火箭"。组炸弹首选组自然形成的同花顺，其次尽量组成小火大轮次。除小火外，大的顺子也能压牌，起到炸弹的作用，相当于多了一个炸弹。

同花顺

在残局中如果最后只剩两个相近的同花顺，又有发牌权，如有逢人配在内，可以调一个为杂花顺，用以诱火，这是掼蛋中的上乘技巧，高手会运用自如。

炸弹该炸上家还是下家？大部分掼蛋高手的认识是一致的，就是在一般情况下，"炸上家，控下家，送对家"。当自己的牌不好时用炸弹炸上家，减轻对家负担，不让对家浪费火，再及时送上对家需要的牌型。反之，当自己的牌好时，可以用炸弹炸下家，因为上家出牌自己往往能跟着走小牌。而下家出牌，经过对家和上家加压后，牌的级数已提高，自己的小单牌或小成型牌不易套出去。

四大天王

四大天王就是大王、小王各两张的牌型，俗称"王炸"。四大天王威力巨大，被称为"巨无霸"，这是指合在一起用的时候。四大天王如拆开来用，则不如炸弹的威力大。

四大天王

如自己连四大天王在内已有三四个火，则尽量不要拆开来用，以发挥它的最大威力；如自己炸弹较少或较小，难以取得出牌权，则可以考虑拆开王炸，这样无论是发单、出对，都具有绝对的控制权，打对子可以大两轮，打单牌可以大四轮（虽然容易招炸）。四大天王要拆就要早拆，不能犹豫不决，贻误战机。

实战中四张王牌组成王炸的概率并不是很大，而且王炸也缺少隐蔽性，一旦被对方发现，即成为被严控的对象。双贡的一方可用参谋级牌试一下，受贡方无人用大小王压牌，则说明四张王可能在某一家。四张王出没出来，在哪家，一定要搞清楚。

最后讲一下红心级牌，俗称"红桃级牌""红心参谋"，更多的牌手称它"逢人配"。

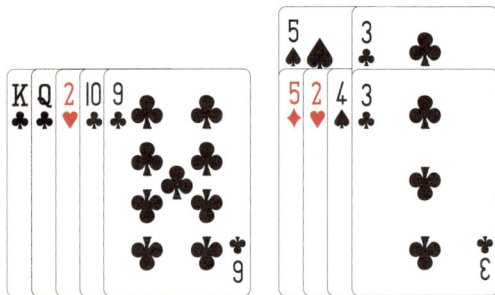

本副牌打 2，红桃 2 为红心级牌

逢人配的加入增加了组牌的可变性，提高了猜牌的难度，丰富了轮次的多变性，增加了掼蛋的乐趣。有人说它像菜肴里的味精，有了它，菜肴更鲜美；有人说它像戏剧舞台上的丑角，有了它，插科打诨，提人兴趣；有人说它像鱼池子里的泥鳅，有了它，钻来钻去，其他的鱼不容易死亡；更多的人说它像《西游记》里的孙悟空，本领高强，变化多端，降妖除魔。

逢人配首先要考虑用它配成同花顺或头火，其次才用它配其他牌型，如解决"44566"等锯齿牌的问题，也有配三带对的。再次就是用它组杂花顺，收到化零为整的效果。

两张逢人配有无露脸，一定要记住。有经验的高手往往要等两张逢人配都露脸后（不会再有用逢人配配五头炸弹变成六头炸弹的情况），才敢用大火箭去冲刺。

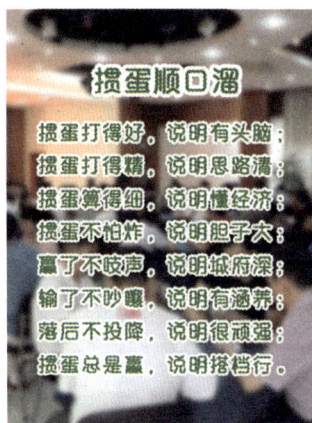

掼蛋顺口溜

掼蛋打得好，说明有头脑；
掼蛋打得精，说明思路清；
掼蛋算得细，说明懂经济；
掼蛋不怕炸，说明胆子大；
赢了不吱声，说明城府深；
输了不吵嚷，说明有涵养；
落后不投降，说明很顽强；
掼蛋总是赢，说明搭档行。

8

通晓牌语打掼蛋

俗话说："人有人语，鸟有鸟语。"这里讲的牌语，就是牌手在打掼蛋时无声的语言。在掼蛋对局（含电子牌）中，牌手如能读懂牌语，就能最大限度地发挥自己的水平，打好配合。掼蛋高手都是通晓牌语的高手。

开局出小单

这一般说明该牌手的牌是强牌，有得上游的可能，并不一定如有人说的"有王出单张，无王出一夯"。对开局出单的人，上下家应注意他后面出的牌型变化和动态。

北家首发小单，牌强想争上游

开局出对子

这一般是该牌手在试探或进攻。说试探，是想看看对家牌力如何；说进攻，是对子多，对子是该牌手的主打牌型。对付开局出对子，一般以中等对子防守，不建议卡压。牌力强的可以卡压，然后亮出自己的主打牌型。

西家发对子，东家加压表示自己牌力较强

开局出三带对或杂花顺

这样的牌手一般会有打有收，向搭档亮出自己的主打牌型。有人说"枪打第一顺，否则后面还有顺"，道理就在这里。如打出以后无回收，则为吐痰（自己比较弱的牌型），其他的牌型或许稍强。

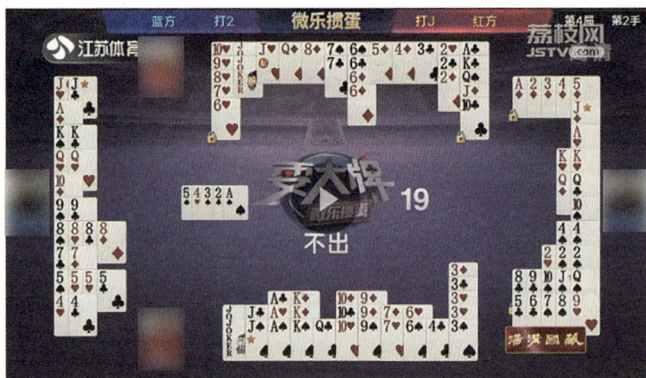

西家首发小杂花顺，有大杂花顺回收

开局出三连对或三同连张（钢板）

　　一般牌手这样出牌有偷一手牌的嫌疑。首发三连对的一般三同张少，火少，往往手上有顺子；首发钢板的一般对子少，或者对子大。下家如没有牌压，不要轻易出炸弹，看你的搭档是否有牌压。牌力强、炸弹多时也可以直接炸掉。

东家首发钢板，想偷走一轮牌

开局出三不带

　　这一般说明该牌手的牌是弱牌，属于操牌。出三不带的人，一般会有三个或三以上的三不带，对子少或大。也有故意出三不带引诱对方出对子的。开局出三不带，可以保护对家的牌型，破坏对方的顺子牌型。对付三不带，可以顺套，也可以不予理睬，牌力特别强时才可考虑卡压或炸掉。

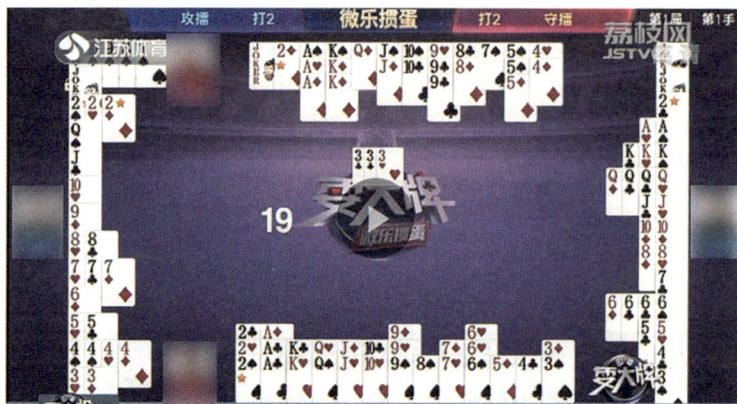

本副牌打 2，北家首发三不带，属于操牌

开局接对家的牌（晾单张外）

这样出牌是想争上游的表现，值得上下家高度重视。该牌手后面主动出的牌型，你要考虑是顺套还是进行卡压。

北家接南家的对子，表明自己的牌不错

自己出顺子，上下家都不要

这种情况说明上家牌力不强。自己再出顺子，下家继续不要，说明下家火不多，起码是无小火。

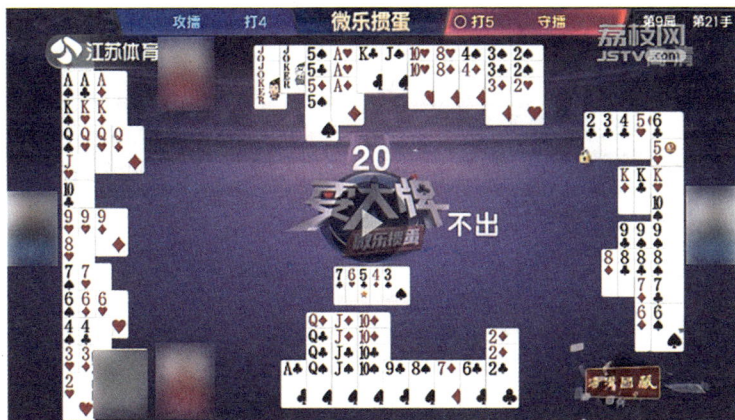

南家发杂花顺，东西家都不要

上家出牌，自己表态犹豫

上家出牌，再不压他就有得上游的可能，自己停顿数秒以后才表态不要，这是表示自己的火大还有大的作用，舍不得下，请对家用小火踩刹车。

南家面对大王停顿数秒后才表态不要，暗示手上有大火，希望北家用小火踩刹车

不要上家的牌，连续秒过

这是告诉对家，自己判断上家牌力强而自己牌力弱，对家如牌力不是非常强，可以放一人打一人，以防己方被打成双下。

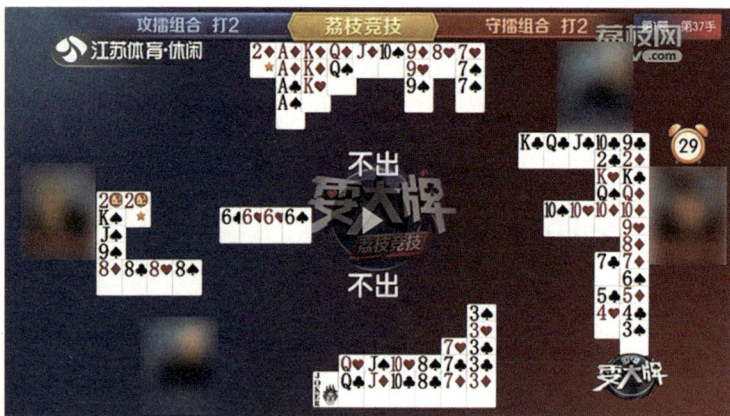

南家不追炸西家炸弹，是因为判断西家牌力强

炸弹炸下家

这是表示自己的牌力强，想争上游（正常情况是炸上家，控下家，送对家）。也不排除有时为了配合对家，开火炸下家，进行佯攻，吸引对方的火力，保护对家顺利取得上游。

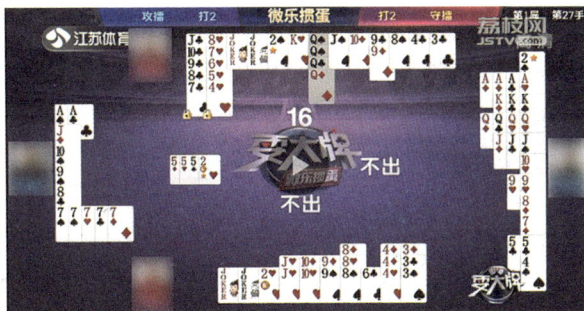

北家用 QQQQ 加炸下家炸弹，表示自己的牌力较强

残局时对家从小出到大

这时你不要轻易接牌。如果对家从大出到小，还剩四张至九张左右的牌，表示已经圆牌（到位），此时你可以考虑接牌。

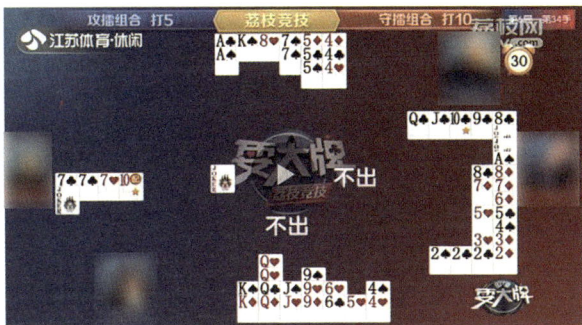

本副牌打 10，西家先打大王后打小王，东家可以接牌

残局时忽然发出小单张

这一般是该牌手圆牌的标志。对方要根据自己的牌力，决定是强打还是放过。残局时对家忽然发出小单张，是表示自己已经圆牌，手上是净火或一火一轮，随时可以冲刺走人。

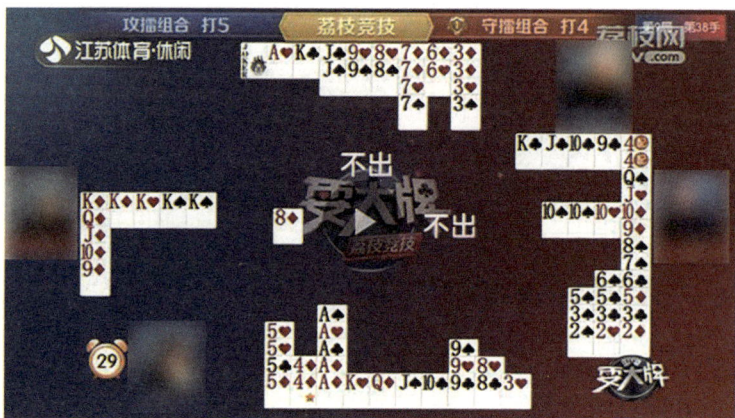

西家在残局时发出单 8 剩九张，表示自己已经圆牌

对方有一家已得上游，自己手握两个单张，先出小牌

此时己方和对方二打一，自己手握两个单张或一单一对，作为对方的上家，自己如有避免下游的可能，则出小牌留大牌，就是告诉对家放你过，以免被打成双下。

南家打出 JJ 留下单 Q，就是告诉北家放单张让自己走

利用牌语，引诱对方上当

如自己的牌弱，是典型的下游牌，就打操牌。当对家出对子或三带对时故意去接，伪装成想争上游，吸引对方的火力，引出炸弹，掩护对家，这有点像佯攻。

本副牌打 7，北家故意接南家发的牌

9

知晓角色打掼蛋

　　掼蛋比赛中的"搭档"，是指比赛时与某位选手同为一方，以对抗同桌的另外两位选手。自己本人称为本家，本家的搭档称为对家，本家左方的选手称为上家，本家右方的选手称为下家。

　　掼蛋高手们都知道在正常情况下"炸上家，控下家，送对家"的要领。在参赛或平时切磋牌技时，选手要知晓上家、下家、对家和本家的角色与定位，与对家密切配合。

上家

　　上家是"友人"。作为己方的竞技对手，上家之所以被称为"友人"，是指上家发出的牌型，自己先接牌，有可能套到自己的牌型，减少了轮次。而当自己牌力较弱充当助攻手时，对上家发出的不对对家"口味"的牌，按照"炸上家"的要领，可以视情况将其炸掉，再及时送上对家需要的牌型，不能让对家浪费炸弹。如果要用两个字归纳如何对待上家，那就是"等待"，耐心等待能够套到的牌型。

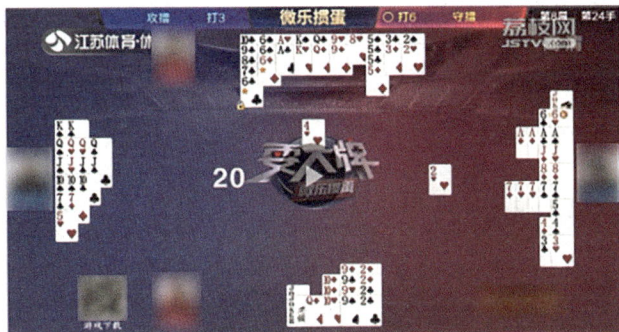

北家接东家牌，减少了自己的轮次

下家

　　下家是"外人"。下家是己方的竞技对手，不宜称其为"敌人"，但也不是自己人，称"外人"较合适。按照"控下家"的要领，要控制好下家的行牌，控单、控对、控成型牌。下家如果是对方的主攻手，他的首发牌型或主打牌型就是自己要控制和防范的重点。

　　举例说明：下家为主攻手时首发的对子或三带对等牌型，自己的对家可以顺套，而到自己行牌时就需要适当卡压和控制，并且注意下家行牌的区间。自己担任主攻手时，也可以用炸弹炸下家，体现的是"强牌炸下家"，取得发牌权后亮出主打牌型让对家知晓。否则下家发的牌型，经过对家和上家加压后，自家很难套到牌。如果要用两个字归纳如何对待下家，那就是"控制"，就是要尽力控制好下家的牌型，尽可能让他保持较多的轮次。

北家上 9999 炸弹控制西家

对家

　　对家是"亲人"。对家是自己的搭档，荣辱与共，自然就是亲人。在牌局中，当通过牌语沟通感觉对家的牌力强时，就要让他做主攻手，自己做助攻手，按照"送对家"的要领，准确送出对家需要的牌型，同时对上家发出的牌型，要让牌。有一种掼蛋的技术就叫"不要"，有一种配合的技术也叫"不要"。不能因自己轻率垫牌而挡了对家的路，影响对家的行牌。当对家牌力弱、自己牌力强时，自己就要勇敢地担起主攻的责任，把自己主打牌型的信息传递给对家，好让对家为自己送牌。当发现对方某一人牌力特强时，则可以放一打一，避免被对方打成双下，这叫"少输当赢"。如果要用两个字归纳如何对待对家，那就是"默契"，力争做到判断准确，配合得当。

东家给西家送对子

本家

　　本家是"本人"。除上家、下家和对家外，作为本家，在牌场上要有扎实的基本功和配合意识，审时度势，辩证思考。做到组牌合理，记牌清晰，出牌有序，送牌准确，出炸及时，善于观察，善于变化，善于沟通，执行坚决。要通过牌语与对家沟通，确定双方主攻和助攻的定位。要通过对方的行牌和牌的区间，分析他们剩余牌张的类型，找出他们的弱门，采取相应的对策。如果要用两个字归纳如何做好本家，那就是"自信"，做到心态良好，荣辱不惊。

　　知晓了上家、下家、对家和本家的角色和定位以后，你在对局时是不是更加自信了？

10

善于变化打掼蛋

"变化"一词"搜狗百科"的解释为"人或事物产生新的状况"。

喜爱打掼蛋的人大多数都知道"组牌是基础，沟通是桥梁，配合是纽带，炸点是关键，变化是灵魂"的道理。在参加比赛时，对于自己手中的牌要尽量保留可变性，根据对方出的牌来决定如何压牌。但有的牌型则不宜变化，瞎变化就会使自己陷入被动。下面我谈几点体会，如果你能举一反三，融会贯通，你的牌技就会上一个新的台阶。

残局杂顺拆开压

有一副牌打 10，头二游已产生，某牌手残局剩 45678 杂花顺，上家出单 7，剩 555，该牌手认为肯定输了，居然不要，自认下游。其实他应该拆掉杂花顺用 8 压上，作最后的拼搏，是可以避免下游的。

本副牌打 10，南家应出 8 作最后的拼搏

同花顺变杂花顺

有一副牌打 5，某牌手用黑桃 89JQ 加红桃 5 组成火箭，手上还有红桃 10、33 和 88。他应尽量保留红桃 10 在手，在残局中如遇到对方打小杂花顺，可改用 8910JQ 杂花顺去压，大了一手，红桃 5 再与剩余的牌配成三带对。

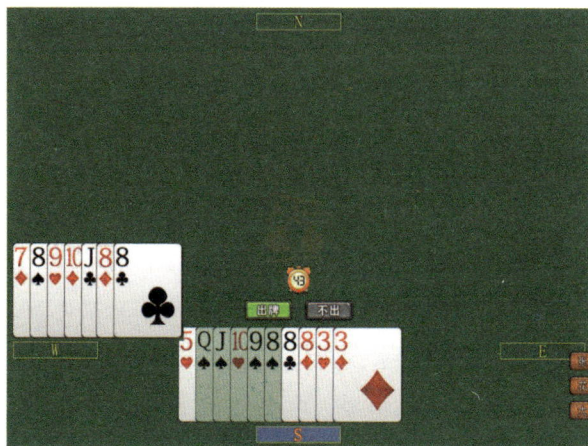

本副牌打 5，遇对手的 78910J，可上 8910JQ 杂花顺

整的牌型变连对

如果自己手上有 7788899 或 7778899，遇到对方出小的三连对，可以考虑以三连对压牌，不要怕留一单张下来。

西家和东家的牌型里都暗藏着三连对

杂顺连对随机变

如果自己手上有 8910JQ、910JQK 两个杂花顺，其中含910JQ 四连对，遇对方打三连对可以压，留下 8 和 K 两个单张；而如果自己手上有 23456 和 34567 两个小杂花顺，当对方打小三连对时，是否压则要慎重，压了以后就留下 2 和 7 两个小单张，不易顺过。

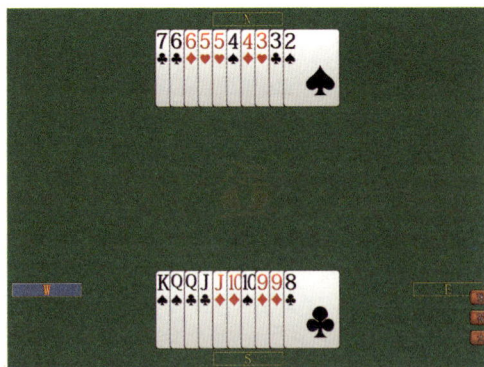

南家可将牌变为 991010JJ 或 1010JJQQ 三连对，而北家则不宜变

炸弹瘦身添连对

有一副牌打8，在残局中自己手握 4455 加 333333。在 44 或 55 过不了的情况下，可以将牌变化出一个 3333 炸牌，如能得大，334455 一起出手。

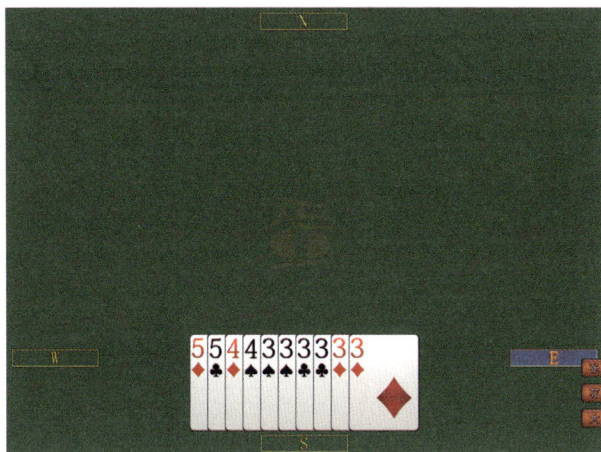

南家可将牌变为 334455 和 3333

五头炸弹改成夯

在残局中 AAAAA 不一定当炸弹用，如对方出三带对，可以用 AAA 带对压牌，剩下的 AA 也属大牌，留着可以继续战斗，这样往往会收到意想不到的效果。

南家可将牌变为 AAA66 和 AA

牌型拆分撕到疯

拆分是指在残局中，当己方单张牌占优势、判断对方是整牌型时，把自己的成型牌包括对子拆成单张来打。对方如不拆牌压，就一张一张地出牌；对方如拆牌应对，就把他拆剩下的牌牢牢控住，以取得己方的胜利。在下图中，南家可出单 6 或 8，下家如不要，继续出单；下家如上 A，则南家上小王，再改打对子。

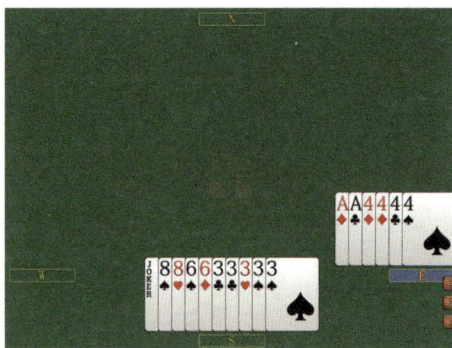

南家出单 6 或单 8 就是拆分

火箭变顺诱炸弹

　　抓到好牌，到残局时只剩两个差不多大的火箭，此时又有发牌权且其中有张逢人配，如果顺着牌打两个火箭，明显是浪费。在可以确保得上游的情况下，把其中一个火箭变成杂花顺，打出去留5张，诱出对方的一个炸弹，以减轻对家的负担。

本副牌打 2，本来是两个火箭，用方块 9 换下红桃 2，可变出一个杂花顺

11

学会防守打掼蛋

　　下围棋和象棋主要凭个人实力，而打掼蛋则在某种程度上受牌运的影响。我认为，在一般情况下，技术、配合和牌运各占 1/3 左右，而在 50 分钟 9 牌制、45 分钟 8 牌制（甚至更短时间）的掼蛋比赛中，牌运的占比要大一些。有的选手虽然技术和配合的水平一般，但牌运好时照样也能获得名次，难怪有人会说"有好牌谁不会打啊？！"

　　比赛时选手不容易每局牌从头到尾都抓到好牌，这就对选手提出一个要求：不仅要会打顺风牌，还要会打逆风牌。掼蛋的高手们打防守牌、打操牌、处理残局牌的水平都很高。下面将探讨在牌运不佳、牌力较弱的情况下，如何全力打好防守牌。

　　"防守"一词，意为守卫或把守。在打掼蛋时打防守牌，通常是在缺少炸弹、轮次较多、明显可能是下游或只能得三游的情况下才打的牌。掼蛋高手们手握差牌，不会束手无策，不会逢牌必压，而会打出漂亮的防守牌，掩护对家夺得上游，或不被对方打成双下。具体方法如下。

保留各种牌型

　　打防守牌的关键，是要尽可能地保留各种牌型，对家压不了的牌可以去压，尽量少给对方发牌的机会，否则就潜伏不动。不要因为压了一张有关联的单牌而影响杂花顺的组成，也不要因为压了一对而影响三连对的牌型。留牌可以尽量留最小的顺子、三带对、三同张或三连对等，以便在残局中能给对家送牌。

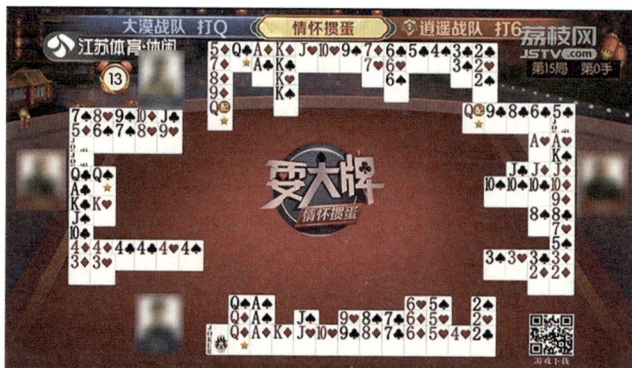

南家无火，应尽可能地保留各种牌型

不要轻易压上家牌

除三连对和三同连张（钢板）等牌型外，上家打的比较小的单张、对子、三带对和杂花顺基本上都不要，因为或许对家就需要这样的牌型，他多走一轮就有取胜的可能。下家打的牌对家如不要，可以视情况压牌，引出上下家的炸弹。压牌以后如有发牌权，就打对家需要的牌型。

西家无火，当北家出 2 时应不要或拆中等对子，以免阻挡东家过单

准确给对家送牌

在打牌的过程中，要密切注意对家的牌型，判断他需要什么牌型，不喜欢什么牌型，在自己占大能发牌时，准确地送出对家需要的牌型，同时对上下家喜欢的和不喜欢的牌型要了然于心。

西家给对家送杂花顺，精准！

借助手上的牌张数对对方形成威胁

在行牌过程中，要和对家打配合，"一动一不动"，利用你手上的牌张多，让对方不知道你手上有无炸弹，有几个炸弹。有时这也能让对方迷茫，迫使对方谨慎使用炸弹，从而为对家冲击上游或赢得二游创造条件。

南家无火，保留较多牌张，对对方也能有点威慑作用

手握单一牌型就主动进攻

如果手握变化不多的单一牌型，即使无炸弹或只有一个炸弹，也可以主动进攻。如手上有四个杂花顺和一个同花火箭、两单（没有一样大的顺子，就不太好变化），再如手上全是三带对或三连对牌型，虽然不能做上游，但也要主动进攻，吸引对方火力。牌打得越短越好，既给对方防守造成压力，也固定了对方的牌型，同时还能给对家创造做上游的机会。这种进攻也是最好的防守。

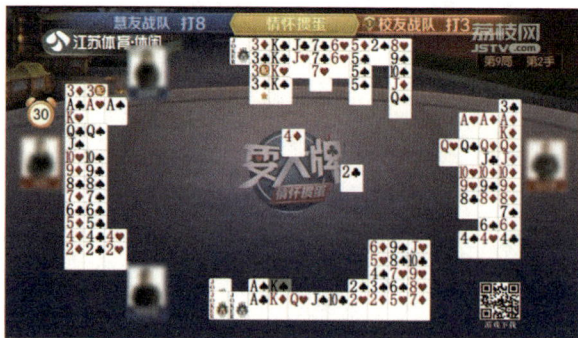

南家无火，如用杂花顺进攻，固定对方牌型，也是一种另类防守

　　打好防守牌，引出对方的炸弹就是成功。引出的炸弹越多，功劳就越大。即使自己得下游，对家如能赢得上游，就是最大的成功。这也体现了"功成不必在我，功成必定有我"的精神。

　　打好防守牌，即使自己得下游，对家如能取得二游，就避免了被对方打成双下，也能实现"少输当赢"的目标。这也是一种不错的选择。

　　看到这里，你领悟了吗？

12

运用操牌打掼蛋

掼蛋中一个很重要的技巧是打好操牌。

要想打好操牌，需要很深的学问。所谓操牌，就是以独特的出牌方式吸引对方火力，把一副"烂牌"的作用发挥到极致，为对家创造得上游的机会。

打牌时，抓到手的牌往往有好有孬。抓到好牌尤其是"龙牌"（特别好的牌）当然好打；但如果抓到一手"烂牌"，牌力很弱，或者虽有炸弹，但牌很散，全是小轮次，无法取得上游，就很难打了。掼蛋的高手，这时往往会运用操牌的技术，吸引对方火力，配合对家取得上游或不被对方打成双下。

操牌最常见的有三张操、连对操、钢板操和开火（炸弹）操四种形式，而顺子和三带对属于正规行牌，一般不适用于操牌。

三张操

如果自己手上三同张牌型多，最好有 AAA 或 QQQ 之类的，就连续地打，直到引出对方的炸弹。三张操主要目的是破坏对方的牌型。也有的人对子多且大，只有一个小的三同张，打出此三不带，如对方认为自己没对子而打对子，就正中下怀。

三不带牌型

连对操

最好自己手上有1010JJQQ以上的回手牌，能够有打有收。连对操只要能吸引出对方的炸弹就行。也有的人打连对，仅是想偷走一个轮次，就不属操牌了。

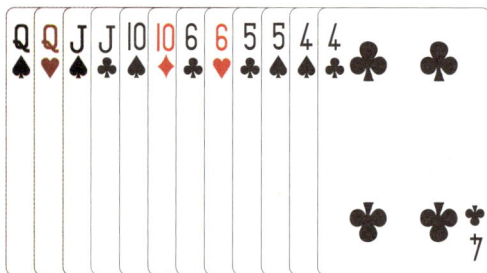

445566 和 1010JJQQ 都是三连对牌型

钢板操

先打出钢板，手中如有 101010JJJ 以上的回手牌则更佳。钢板操的目的也在于吸引出对方的炸弹。打钢板的人也有可能只是想偷走一个轮次。

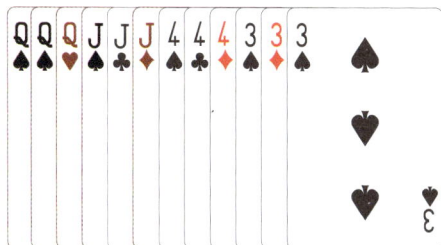

333444 和 JJJQQQ 都是钢板牌型

开火操

一般适合用于残局。炸弹出手后，自己手上的牌必须留十张以内，十张、九张都容易诱出火，五张更甚。大炸弹可改成小炸弹，令对方能够压得住。例如，自己剩五头炸弹和四个单张共九张牌，可出四头炸而保留五张在手，这样诱出对方炸弹的可能性特别大。

出 JJJJ 而保留五张，诱出对方的炸弹

有的高手把单张和对子也运用到"操牌"上，也会收到意想不到的效果。

单张操

贡牌方弱牌强打，首出牌起步见花（自己 K 以上的大牌必须超过八张），如 KKAAA22 小王（本副牌打 2，大王已贡），吸引出对方的大王或炸弹，为对家减轻负担。打单张操要留好各种最小的牌型，以便适时给对家送牌。

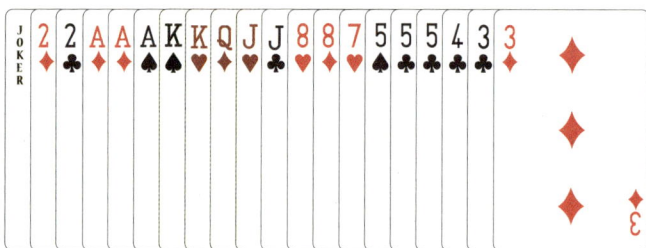

本副牌打 2，K 以上大牌有八张

对子操

当自己对子较多且有大的对子，如 QQ、KK、AA、参谋对或小王对时，就要坚持一门牌型打到底，打到对方发急、发躁、发火（出炸弹）。

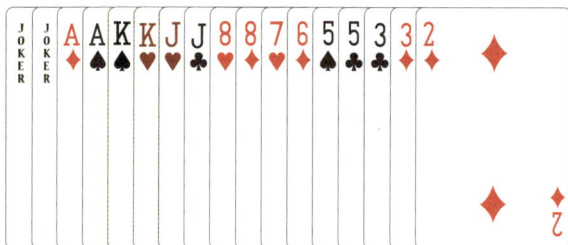

J 以上对子有 4 对

　　值得注意的是，如果全手牌一个炸弹都没有，就尽量不打操牌，改打防守牌。要注意保留各种牌型，以便对对方进行阻击或给对家送牌。

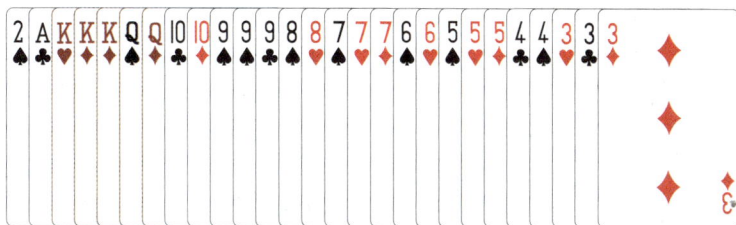

本副牌打 2，全手牌没有炸弹

　　最后需要强调的是：既然打操牌，就要有勇于牺牲自己的精神；既然打操牌，就要一操到底，吸引对方火力，消耗对方牌力，破坏对方牌型。最成功的操牌，就是尽可能多地吸引出对方的炸弹！

13

选好搭档打掼蛋

掼蛋比赛分为个人赛、双人赛、复式赛和团体赛等多种。个人赛每轮随机配对；双人赛不管打几轮搭档都是固定的；复式赛则是四人组成一队，两两配对，中途不调换。

打掼蛋，找到称心如意的搭档，有时比单身男女找个满意的伴侣还难。搭档类型大体分为以下四种。

都是偏爱保守的搭档

这被称为保守型配对。保守型配对的选手一般喜欢后控，保持着牌型的可变性，仔细分析各家剩下的牌型和轮次，不轻易下炸弹，想等对家助攻或送牌，往往容易错失战机。有时等到对方已经取得上游了，自己和对家手上还有好几个炸弹没用呢。

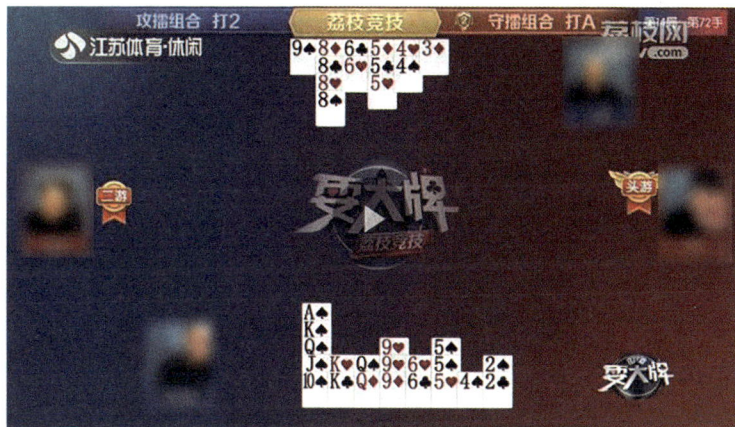

南北两家被打成双下，两人手上都有炸弹还没来得及用

都是偏爱攻击的搭档

这被称为攻击型配对。攻击型配对的选手一般敢于战斗和拼搏，反应快，不惜火，能主动打出自己的轮次，有时刚到中局就把炸弹用光了，等到残局时已没有什么战斗力和对方较量了。

本副牌打 8，南北两家已把炸弹用光了

分属偏爱攻击和保守的搭档

这被称为攻守互补型配对。攻守互补型配对的选手，往往一人在前冲锋陷阵，一人在后掌控局面，负责掌控局面的人会保留一定的炸弹和大牌与对方战斗。一般来讲，后者水平也要比前者稍高一些。

南家在前冲，北家在后守

技术都很全面的搭档

这被称为全攻全守型配对。两人都能攻善守，那究竟谁主攻，谁主守？不固定，根据每副牌的具体情况来决定。这样的配对比较理想，胜率比较高。即使如此，两人中必定有一人技术更权威些，另一人要服从，参赛的注意事项都由较权威的选手提醒。

南北两家能攻善守

在这四种类型中，全攻全守型配对当属最佳，攻守互补型配对次之，攻击型和保守型配对则排第三。

选好搭档配好对

选好掼蛋的搭档很重要。搭档之间要利用平时的切磋或比赛机会多磨合几次，双方都感到配合默契、心情愉悦，才能固定下来。即使这样，比赛时仍要保持良好的心态，胜不骄，败不馁。特别是在逆境时，应沉着应对，不出错招，等待对方犯错，争取扭转局面，赢得胜利。

有的选手的搭档不止一人，可能有两到三位。这样，在参加线下赛和线上赛时可以有不同的搭档，或者这个搭档没有空，就约上另一个搭档。

在参加掼蛋比赛时有个好的搭档，就如同人生有个好的伴侣。这是掼友们共同的感受。愿大家都能在掼蛋的舞台上，携手好搭档，掼出人生乐趣，掼出人生精彩。

14

区分流派打掼蛋

流派原指水的支流，借指文艺、学术等领域的派别。

京剧流派主要是指演员的表演艺术风格和艺术特点，并且这种风格和特点得到继承和传播。一个剧种中出现不同的流派是艺术发展的必然产物，比如京剧旦角就主要分四大流派：梅派、程派、荀派和尚派。

中医也有若干流派，其中有时方派与经方派之分。中医如今时方派居多，开的药剂量轻；而经方派开的药剂量大，味数少。

由京剧和中医的流派，联想到发源于淮安、流行到全国的竞技掼蛋，在淮安市如果要进行区分的话，也可分三个流派：一是爱好者自行在掼蛋过程中总结、摸索出的打法和经验，被称为江湖派；二是一些掼蛋专家和电视掼蛋栏目嘉宾的观点，被称为学院派；三是以"四道风"（原位于淮安市健康东路上的四道风酒店的院子，掼蛋高手常在那儿切磋技艺）牌手为代表的研究成果，被称为学术派。

了解各种流派的技战术特点，对于掼蛋初学者、爱好者提高掼蛋的水平，会有较大的帮助。

江湖派

江湖派是指由悟性很高、天资聪颖的掼蛋高手们组成的团队，他们带动着周围的人在一起常切磋、常提高，也常得各种大奖。江湖派也包括不常常收看电视掼蛋栏目和阅读掼蛋书籍和文章，但喜爱或痴迷掼蛋，凭个人掼蛋经验不断总结提高的众多选手。江湖派选手打掼蛋时容易给人"水无常态，兵无常势"的印象。

江湖派的技术特点是不拘泥于常规。具体表现在以下方面。

1）不受规则约束

江湖派选手按照自己对牌的理解行牌。偏重技术的选手会注重对下家单牌的控制；偏重记牌的选手能准确判断下家的牌型结构，在中残局时对下家进行准确控制；一般的选手牌路比较明确，方便对家配合。有时选手会打出"吐痰"的牌型，虽然是有打无收，但往往牌力比较强，有得上游的机会。

2）首发牌型多样

开局有时首发单张，有时以对子起步，有时发钢板或三连对，也有时直接发成型牌。首发的三不带，有时能回收，有时并不能回收。

3）弱牌亦能强打

佯攻的牌以留五张牌为主（也有留九张或十张牌的），引出对方的炸弹，以减轻对家的负担，而自己则可能是一手烂牌在握。偶尔条件成熟时也会最后留六张牌投机，从而给对方造成心理负担。

4）善于用对子进攻

在手上三同张较小、对子比较多且有两三对大对子（如一对 A、一对 K 或一对级牌）的情况下，有发牌权时就出对子，破坏对方牌型。如果对方有略大的三同张一般会拆对抵抗，当判断出对方拆掉三同张时再出小三同张，从而占得优势。

5）逆向思维

如果手上只有一两个三同张而对子较多时，会首发三同张，让对方误判自己缺少对子而发对子，自己则故作痛苦状用对子来应对，其实内心乐开了花。

学院派

学院派主要是指基本认同电视台掼蛋栏目和抖音掼蛋公众号解说嘉宾观点的选手、参加过老年大学掼蛋班学习的学员、接受过各类掼蛋讲座或培训班培训的爱好者，也包括经常与掼蛋栏目解说嘉宾或老年大学掼蛋讲师切磋掼蛋技艺的掼蛋迷们。

位于淮安市健康西路 144 号的淮安市老年大学

学院派的技术特点是循规蹈矩，具体表现在以下方面。

1）形成牌语约定

首发小单牌表示想担当主攻，有争上游的欲望；首发中高单牌表示打防守牌，边控制下家单牌，边了解对家牌力；首发三不带多为打操牌；首发钢板或三连对，想悄悄偷过一轮牌；首发对子，是试探也可能是进攻，"情况不明，对子先行"；在残局时从大打到小，表示对家可以接牌。

2）开局不发成型牌

除非牌型比较齐整，一般开局先以单张或对子修剪牌，或者以钢板或三连对偷走一轮牌，待条件成熟时再改用成型牌进攻。如首发三带对或杂花顺等成型牌，则会有打有收；而当手上无火不能做上游时，便不会首发成型牌。

3）不到八张不出顺

手上的杂花顺一般捂得较紧，尤其是在只有一个中小顺的情况下，不到对方剩七八张牌时，不会轻易发出顺子。

4）牌弱有让牌意识

特别是在接受双贡的情况下，牌弱的一方遇参谋级牌时大小王不上，让给对家去压，了解到对家的主打牌型后，再为对家助攻。对家主攻打单张时，做到见花（J以上的牌）不垫，不提高牌级，也不轻易压对家的其他牌型。

5）知道防守和操牌

当牌力弱且没有炸弹时就打防守牌，保留各种牌型，为给对家助攻和给对家送牌做好准备；当牌力弱但有一两个炸弹时，就打操牌，弱牌强打，发动佯攻，以假乱真，吸引上下家火力，浪费对方炸弹，掩护对家取得上游或不被对方打成双下。

学术派

学术派以过去常在四道风酒店的院子（现已拆除）切磋掼蛋的一批高手为代表。当年他们专注于掼蛋的学术研究，不在意参加有关比赛，不在意战绩名利，不在意奖牌奖金，但复盘、讲牌、讨论、争执倒是常有的事，因而大部分选手都有较强的战斗力。

原位于淮安市健康东路上的四道风酒店

学术派的技术特点是后发制人。具体表现在以下方面。

1）擅长"吐痰"套牌

往往先发小牌、弱牌，包括小单、小对、小夯和小顺，不一定会回收；套牌只大一两级，不轻易越级压牌，尤其是 K 以上大单张不轻易越级；留足大牌，残局再相见，类似于足球比赛，上半场让几名主力坐替补席，其他队员与对方磨成平局，下半场遣主力上场鏖战，与对方决一雌雄。

2）擅长推理预判

除了计算对方已出的牌张数和牌型，还会根据牌型区间来推理预判。例如，对方打出 33322 和 999JJ 以后，预判对方可能有 45678 同花火箭或杂花顺；对方不要三带对，可能有杂花顺；对方不要小杂花顺，可能有三带对。

3）擅长拆分打法

例如，面对对方的一火两轮整牌（如 10JQKA 同花火箭、999 JJ、45678 杂花顺），不发整牌，而发一张又一张的单牌，甚至不惜把自己的整牌型拆开，把对方撕到发急，撕到发躁，撕到疯（"四道风"的谐音），撕到无可奈何。而对于对方的单牌进攻，往往由助攻方拆牌抵挡，主攻方则保留牌型，等待着套对方的牌或等对家送牌。

用辩证的观点来看，三个流派的技术特点各有所长，也互相交叉，互相渗透，很难区分得很清楚。而且，三个流派都藏龙卧虎，都有若干高手，能在掼蛋的各种赛事上取得骄人的成绩。

掼蛋界还有一些超一流高手，他们都有很扎实的基本功和大局观，不光组牌快速、科学合理、善于变化，而且记牌准、预判准、送牌准、炸点准，配合意识强，处理残局的功夫棒，还熟悉各种流派的技术特点，融会贯通，随机应变，打牌的招数就好像霍元甲的"迷踪拳"，真的是出神入化，叫人拍手称妙。

喜欢掼蛋的朋友，你属于哪个流派，或者喜欢掼蛋的哪个流派？如果有一天你能熟知各种流派的技战术，并且能融会贯通、运用自如，那么恭喜你，你已经步入了掼蛋界超一流高手的行列！

15

减少失误打掼蛋

我在参加掼蛋比赛和平时切磋时，发现初学掼蛋的人，容易有以下四种失误：顾了下家忘上家，送牌对家忘下家，不炸上家坑对家，封了上家堵对家。

顾了下家忘上家

下家剩八张牌，光记得"掼蛋降龙十八掌"（以下简称"口诀"）上说的"对方七张或八张，可以出顺或打夯"，便打出三带对，忘了上家只有九张牌，上家压了三带对后变成净火。他忘了另一句口诀"九张当作五张打，如打五张你就傻"，顾此失彼。

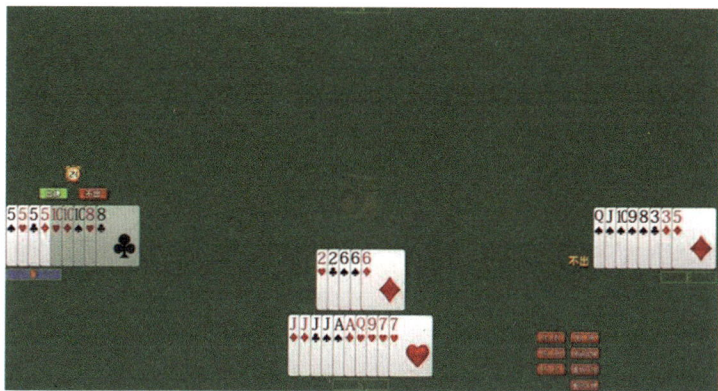

南家光记得下家八张牌可以打五张，忘了上家只有九张牌

送牌对家忘下家

对家主打对子，剩余六张牌，估计是"四二"牌型，为了给对家送牌，就发出一对，忘了下家的牌型，结果下家套一对牌后，就进行冲刺，而且炸弹比对家大，导致对家痛失上游。

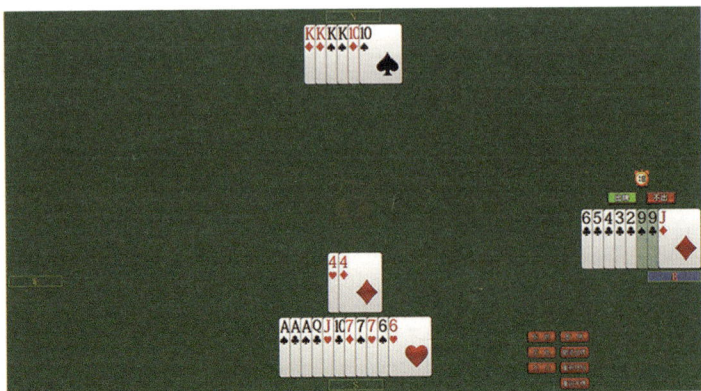

南家给对家送对子，忘了下家八张牌有"五二一"牌型的可能

不炸上家坑对家

　　对家剩八张牌，估计是"五二一"牌型的可能性大，也知道他有张大王。在上家出三带对时，本应用炸弹炸掉，送单张让对家过大王好冲刺，却没有上炸弹，令对家无可奈何。

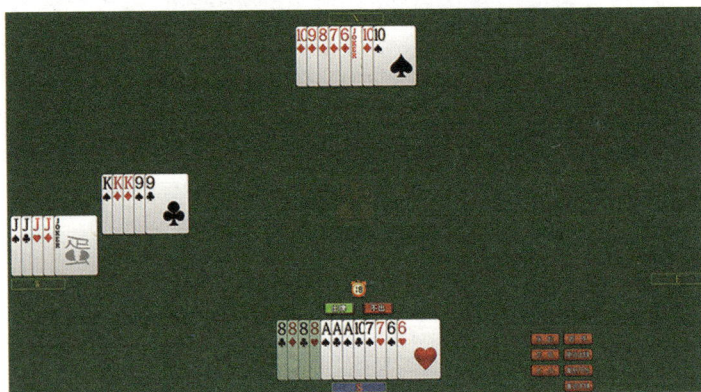

南家知道对家有大王，应该用 8888 炸掉以后放单张

封了上家堵对家

对家剩十张，是"六二二"牌型，如能再过一对，就可以发起冲刺。当上家发对子时，自己并不具备冲刺的条件，而上了大对子来封上家，结果堵住了对家的对子。

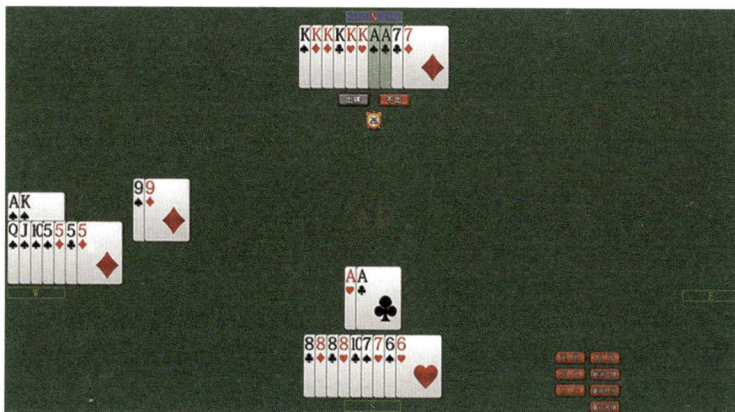

西家发 99，南家不可能冲刺，便可让一手，不挡北家的路

16

魅力无穷打掼蛋

掼蛋魅力无穷，既有简单易学的大众性，也有千变万化的趣味性；既有连续完整的竞技性，也有适合流行的便捷性。它吸引了众多人士参与，有着广泛的群众基础，加拿大、澳大利亚等国的华人也不断加入，逐渐形成一种火爆的体育文化现象。

目前全国有几十家电视台设有掼蛋栏目，掼蛋的网站和软件更是数不胜数。

"魅力"是指一种特别的吸引力、迷惑力。说掼蛋魅力无穷，我认为至少有以下四个原因。

简单易学，容易入门

只要有争上游、斗地主、80 分或跑得快等扑克游戏的基础，稍加讲解，便能上场实战。

连续完整，赏罚分明

掼蛋的打法有升级的规定，从开始打 2 到打过 A 共 14 级，有个逐步攀登努力的过程，体现的是竞争性，获得的是成就感，上游升级并受贡，下游需向上游贡牌。

牌运如好，照样得奖

由于有牌运（运气）的存在，有的选手虽然技术和配合的水平一般，但牌运连续好时照样也能获得名次，得到奖金或奖品。

红心级牌，千变万化

红心级牌又叫"逢人配"，由于它的存在，增加了组牌的可变性，提高了猜牌的难度，丰富了轮次的多变性，增加了掼蛋的乐趣。

掼蛋魅力无穷，不少人已经从喜爱变成了痴迷。痴迷的人会全身心投入，痴迷的人容易出成果。

中国象棋界一代宗师胡荣华对象棋痴迷，曾夺得14个全国象棋个人赛冠军，1960—1979年创造了"十连冠"的奇迹，1988年被亚洲象棋联合会授予中国象棋国际特级大师称号，1999年被评为"新中国棋坛十杰"之一。

著名围棋大师聂卫平对围棋痴迷，多次获围棋国内职业大赛冠军和世界职业大赛亚军，曾在中日围棋擂台赛中11连胜，对围棋在中国的普及产生了深远影响，被国家体委和中国围棋协会授予"棋圣"的称号。

在掼蛋爱好者队伍中，也有众多的痴迷者。拿掼蛋发源地江苏淮安来说，即使在新冠疫情期间没有线下赛事，棋牌室歇业，也影响不了掼蛋痴迷者切磋掼蛋的热情。他们用手机在家中通过微信群及掼蛋大师、来几局等竞技平台约局。上午就有人在线上开掼，下午有更多的人在线上切磋，而晚餐后则是线上掼蛋的高峰期，甚至到了午夜前后还有人在线上牌场厮杀。能够多次在全国和省级掼蛋大赛上获奖的选手，也必然是掼蛋的痴迷者。

掼蛋有魅力，掼蛋有人气，掼蛋易入门，掼蛋易痴迷。真心希望有更多的人加入掼蛋队伍，以牌会友，切磋技能，享受掼蛋给我们带来的快乐！

17

打篮球与打掼蛋

篮球比赛较为常见的是五人篮球赛。两队对战，在一个长方形篮球场进行，每队出场五名队员，可将球向任何方向投、突、传、运，目的是将篮球投入对方球篮得分，并且阻止对方获得控球权或得分。篮球比赛是奥运会核心比赛项目之一。

掼蛋是一项受到群众喜爱的新型棋牌类活动，它由传统的扑克游戏发展演变而来，是一项锻炼记忆力、判断力和合作意识的智力休闲类体育活动，流行于江苏、安徽、浙江、北京等省市及海外地区，现在喜爱者越来越多，呈风靡全国之势。

篮球与打掼蛋的相似之处颇多，主要体现在以下几方面。

赛前定位好比牌场定位

篮球比赛前，球队会有一个明确的定位：对战水平接近的球队，要通过努力，扬长避短，争取赢球；对战水平特别高的球队，要少输当赢，尽量拖长每个回合的时间，争取少输比分；对战水平比较差的球队，不能大意，要制定必胜或大致胜多少分的目标；对战不了解的球队，在经过一节左右时间的观察以后，及时调整战术，争取打好比赛。在掼蛋赛场上同样也需要定位。抓牌以后，牌好的选手做主攻，亮出主打牌型，让对家助攻。如抓到差牌或烂牌，就要做好助攻或防守，根据牌局情况，或搅局或伴攻，尽量吸引出对方的炸弹或大牌，配合对家取得上游。

本副牌打 2，南家首发 88，想借对子优势争上游

跳起盖帽好比阻击冲刺

　　篮球场上，当对方投篮时，跳起对其盖帽是常见的场景，目的是阻止对方得分，当然盖帽时有成功的，也有失败的。这就好似在打掼蛋时阻击对方冲刺的情景。当对方用炸弹或同花顺冲刺后还剩最后一轮牌时，你的阻击能否成功，就看你的炸弹或同花顺（火箭）能否比对方的大。

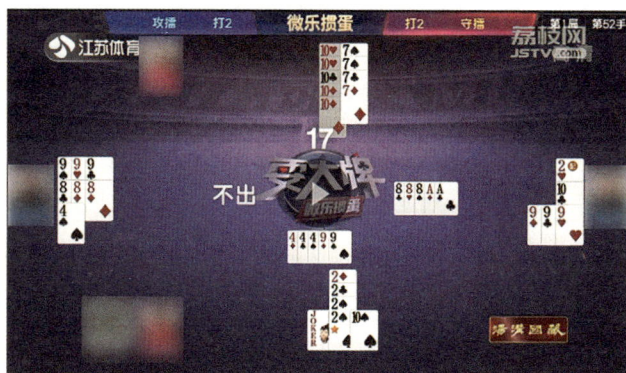

本副牌打 2，东家剩五张，北家上五头火阻击

虚假动作好比诱出炸弹

　　篮球场上从投篮到运球推进或传球都会伴有假动作，例如，投篮时先做个起跳的假动作，引诱防守队员起跳后再真的起跳，利用防守队员下落而自己上升的瞬间将球投出，避免球被盖帽。在掼蛋比赛中，当最后剩四头炸和同花顺（或五头炸）两个炸弹时，先扔四头炸留五张牌，则容易诱出对方炸弹，而如先扔五头炸留四头炸，就不容易诱出对方的炸弹。

本副牌打 J，东家如出 10JQKA 杂花顺，可以诱火

联手关门好比阻击冲锋

　　篮球场上有进攻队员带球切入时，防守方邻近的两名队员向进攻者前进的方向迅速靠拢并形成屏障，堵住持球进攻者的突破路线，被称为"关门"。而在掼蛋中，当对方发起进攻、

己方有一位毅然阻击时，对家在牌力可以的情况下，就需要果断出手帮助压制，两人联手才能收到比较好的阻击效果。

西家如果再上同花火箭，就是在和东家联手压制

二打一好比"斗地主"

篮球快攻有时会形成二打一的局面，两位队员在前场快速传球运动，避开对方队员的防守，往往能如愿上篮得分。而在掼蛋中，有一家取得上游后剩下三家，就自然形成二打一的局面，也很像"斗地主"（一种三人争当上游的扑克牌游戏）。

在残局时，北家打东、西两家，相当于"斗地主"

传球失误好比送牌失准

　　篮球上队友之间传球的到位率很重要，有的传球很到位，队友得球就能上篮得分；有的传球不到位，就会被对方截住。这就很像打掼蛋时搭档之间送牌，送准了很好，对家能多走一轮牌，很可能冲刺取得上游。有时对家需要杂花顺，你送出三带对就是送牌失准。

本副牌打 6，西家给东家送牌失准

发球超时好比自动出牌

　　篮球场上发底线球和边线球都有时间规定，超过时间会被判违例，改由对方发球，这种情形并不少见。而参加掼蛋电子牌比赛时，也有时间规定。如轮到你出牌，你迟迟不出牌，则电脑系统自动反应为你"不要"。如轮到你发牌，你迟迟不发牌，则电脑系统会帮你发一张最小的牌。

空中接力好比牌场垫炸

篮球比赛中的空中接力是难度比较大的技术。队员把球传向靠近篮板附近的区域，同伴飞身跃起，在空中接到球以后直接投入篮筐得分。这和牌场上的垫炸相似，你的下家只剩四头炸弹，眼看就要尽牌得上游，自己用大于下家的炸弹（或五头炸弹或小同花顺）挡住，而对家用更大的炸弹（大同花顺或六头炸弹）接手，从而清牌取得上游。

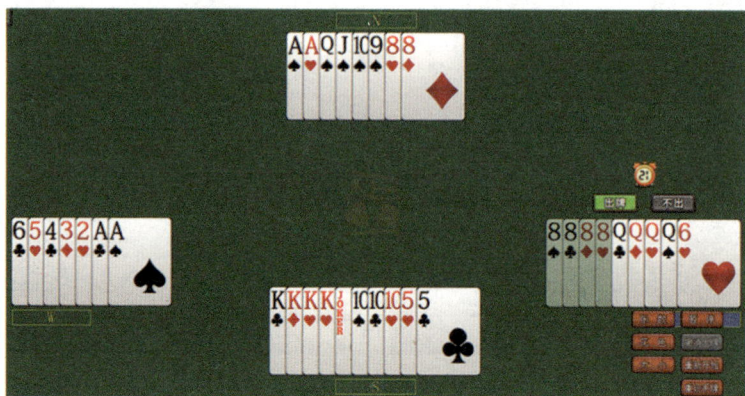

本副牌打 A。东家先发 8888 再发单 6，北家上黑桃 9，南家上 KKKK，北家再上 10JQKA 火箭，这就形成了"垫炸"

球场绝杀好比牌场绝杀

篮球赛场上经常发生终场绝杀、反败为胜的例子。落后的一方比对方少一两分，在终场时间到的瞬间前，运用战术投篮得分，反败为胜。或者投篮入筐，把比赛拖入加时赛，再在加时赛中得分取胜。而在掼蛋赛场上，比赛还剩最后一副牌时，如果一方落后两级，落后方就必须把对方打成双下升三级，才能反败为胜。而领先两级的一方则要避免被对方打成双下才行。

写到这里，我真的建议篮球运动员打掼蛋、掼蛋选手打篮球，好好体会两个项目之间相似之处。

我曾撰诗一首："篮球掼蛋亦相似，赛场内外讲气势。教练意图贯彻好，配合默契显睿智。读懂牌语递牌准，对方牌型需控制。相互学习再提高，两项运动增兴致。"

18

打排球与打掼蛋

　　排球是球类运动项目之一，起源于美国，现已普及至全世界。在 1981 年第三届世界杯女子排球赛上，中国女排首夺冠军，实现了中国在三大球项目上历史性的突破。"团结起来，振兴中华"的口号响彻全国，袁伟民、孙晋芳、郎平等人的名字家喻户晓，从此，排球赛事深受国人的关注和喜爱。而掼蛋如今也风靡全国。

淮安掼蛋吉尼斯世界纪录官方挑战赛现场（2016.10.16）

　　不同的项目，会有相通的地方。打排球与打掼蛋也有不少异曲同工之处。

一传到位如同送牌准确

　　排球的一传（和防守）是组成己方有效进攻的重要环节。接球时球垫飞了，就直接被判失分；垫球不到位，二传手难以组织起有效的进攻；垫球过网，则容易给对方打"探头球"的机会。只有一传时把球垫到位，二传手才能把球传到队友喜欢的位置，或者重扣，或者轻吊，以便得分。排球中的一传和掼蛋中的送牌很相似，送给对家需要的牌型，好比对家渴时送水，饿时送饭，对家往往需要借送的这手牌，形成冲刺之势，从而争得上游。

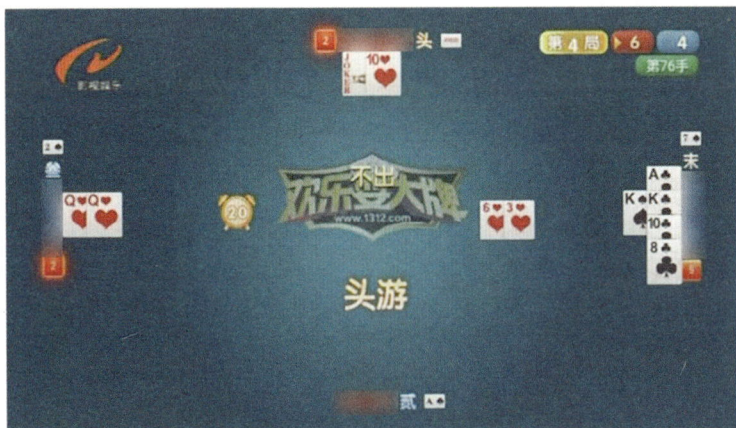

本副牌打6，东家用红心级牌加红桃3组成小对送西家，精准！

高效拦网如同阻击冲刺

排球有单人、双人、三人拦网的不同方法，是阻止对方强攻扣球的直接且有效的方法。拦网成功就像掼蛋中阻止住对方的最后冲刺，或者阻挡住对方的一手牌使其无法冲刺，或者用大的炸弹压住对方的关键牌，使对方的一手小牌留在手中。若是轻易让对方过了一手小牌，或者因为火箭（或炸弹）没有对方的大而阻击失败，就像没有拦住对方的强力扣球，只能让对方得分。

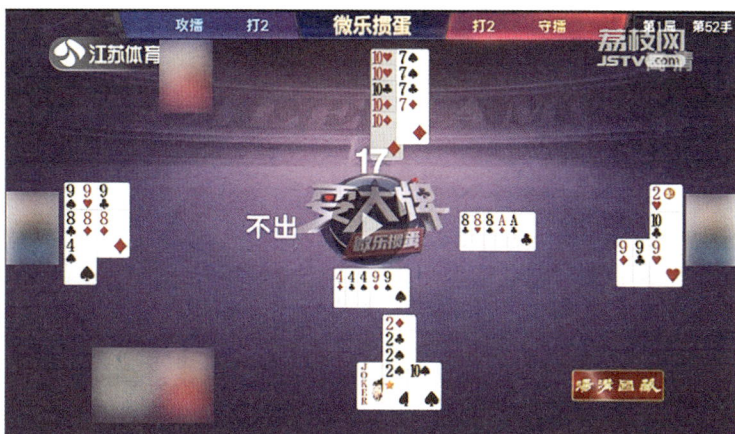

本副牌打 2，东家剩五张，北家应上五头火阻击，防止东家剩的是小的五头火

起跳掩护如同牌场佯攻

　　排球赛场上的集体快攻、立体进攻是最有效的进攻手段。我们经常看到在二传手组织快攻、球被传出的瞬间，前排会有一两名队员同时跳起来形成打快球的架势，其实这些队员大多是在佯攻，目的是影响对方防守队员的视线和判断，使他们形不成有效的集体拦网，从而让己方的主攻手有效突破。这和掼蛋上的佯攻、助攻很相似，一名选手明明牌力不足以做上游，却猛打猛冲装成主攻的样子，吸引对方的火力消耗在其身上，从而掩护对家保存实力并最终取得上游。

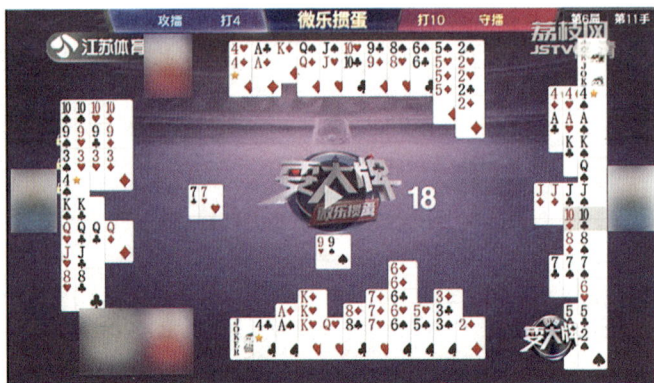

本副牌打 4，东家如上 1010，就有点佯攻的味道

后排进攻如同错位留牌

在排球赛场上，前排的二、三、四号位是传统的强攻和快攻位，二传手有时会传球到后排形成错位进攻，来个偷袭，经常会收到奇效。这种战术配合方法在掼蛋中也有。在残局时，尽量不留和自己上家（对方）一样数量的牌。例如，上家剩一张牌，自己就留两张；上家留二张，自己就留五张。这样，自己的对家就方便给自己送牌。

本副牌打 8，北家剩两张牌，东家打单牌送西家走

自由人如同逢人配

　　排球场上有个"自由人"。自由人除了不能扣球、发球和进入前排传球，其余则相对自由，可以在全场活动，还可以随时换人。他就如同掼蛋中的逢人配（红心级牌）。逢人配除了不能配大小王，可以配各种牌型，这就使掼蛋增加了许多变化和乐趣。当然，如何使用好逢人配与如何使用好自由人一样，技术含量都是很高的。

本副牌打 6，南家有逢人配，就有了多种组牌方式

二传轻吊如同偷走轮次

　　排球场上优秀的二传手，常会趁对方不注意来个轻吊过网甚至直接进行扣杀。由于对方没来得及组织有效拦网，后排也没有思想准备，往往能够直接得分。在掼蛋中选手有时会首发小三连对和小钢板（三同连张），对方往往不好压或不能压。只要对方不压牌或不用炸弹，自己就可多走一轮小牌。

东家如先发三连对，就是想偷走一轮牌

打探头球如同出手封牌

排球场上的高手遇到对方垫过网的球，往往会一下子直接扣死或拦死，不给对方还手的机会，排球术语为"扣探头球"。而在掼蛋赛场上，也会有对于对方出的某种牌型直接封杀的情形。当对方发出对子或三不带等牌型时，如果自己的牌力强，则直接用大牌封压，不让对方多套牌，待取得出牌权后，再打出自己的主打牌型或优势牌型，从而把战局的主动权牢牢控制在自己手中。

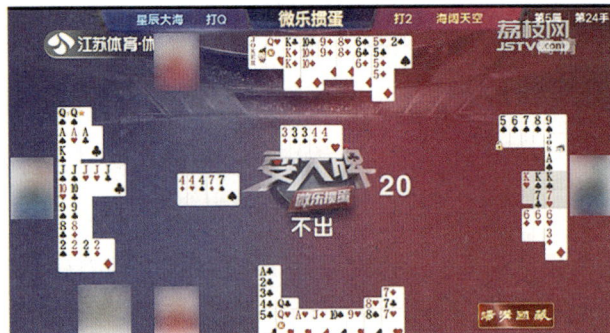

西家套牌，东家则要注意卡压

跳起发球如同首发强打

　　排球的发球，除正面上手、下手、侧手和勾手及高吊发球外，跳起发球速度快、力量大，往往能给对方极大的压力，打乱对方的部署，破坏对方的一传，使其组织不起有效的进攻。在掼蛋中，也有人首发就强势出牌，如打出三个 K 的夯或打出一张参谋。这种打法比较少见，有可能他的牌力很强，想要鼓舞对家；也可能他的牌力较弱，想吸引对方的注意力和消耗对方的大牌，迷惑对方，造成对方的误判，从而让对家的中等牌力相对变强，获得做上游的机会。

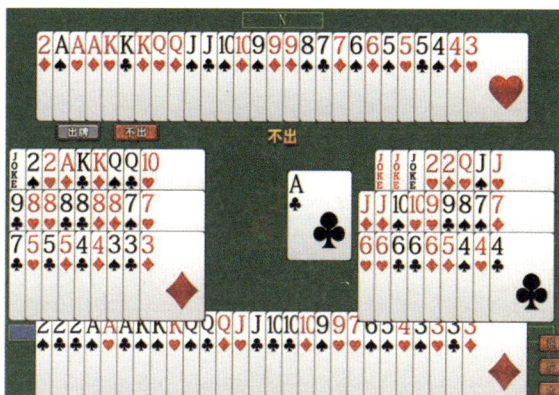

本副牌打 2，东家首发单 A，体现出牌力强大

超手扣球如同四大天王

　　排球的"超手扣球"指的是一些身材高大、弹跳力超常的实力选手，在起跳扣球时，其击球点的高度远远超出对方拦网手的高度，可以对对方进行狂轰滥炸，而对方根本无法进行有

效拦网或防守。这就好像掼蛋中遇到四大天王（炸弹）一样，完全没有办法阻挡。

南家的四大天王是"巨无霸"

19

下象棋与打掼蛋

象棋是起源于中国的一种对弈棋类游戏，大约有两千年的历史，与国际象棋及围棋并列世界三大棋类运动。象棋使用方形格状棋盘及红黑二色圆形棋子进行对弈，双方交替行棋，先把对方的将（帅）"将死"的一方获胜。

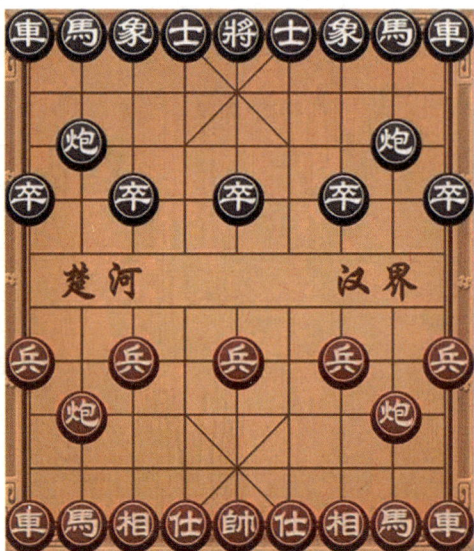

象棋棋盘和棋子

象棋与掼蛋是不同的体育竞赛项目，有不同的竞赛规则。象棋是棋子固定不变、单兵作战，掼蛋则是每副牌形势都不相同，而且得双人配合。但是象棋与掼蛋也有一些相似之处，颇为有趣。

都有源头

象棋的起源有多种说法，因棋盘中间标着"楚河""汉界"，故许多人都认为象棋起源于楚汉相争时期。也有人认为是淮阴侯韩信发明的，清梁同书《渊深海阔象棋谱序》中写道："又闻象棋始于韩信，……"淮安市淮阴区被国家体育总局命名为"象棋之乡"。

掼蛋的发源地在江苏省淮安市淮安区漕运镇（原南闸镇），初创于 20 世纪 60 年代，90 年代后期逐步在周边地区开始流行。2014 年 6 月，淮安市人民政府将掼蛋列为淮安市非物质文化遗产。2017 年 1 月，国家体育总局棋牌运动管理中心发布了《淮安掼蛋竞赛规则》。掼蛋成为淮安的又一张新名片。

都有术语

象棋术语，又称"弈语"，是在实战对局中或阅读棋谱时，经常遇到的一种专用语。如先手、后手、起着、妙着、正着、劣着、均势、直车、横车、当头炮、屏风马、仙人指路、飞象局等。

掼蛋也有若干术语，如卡压、倒冲、封牌、诱炸、四大天王、通天杂花顺、三带对、定位枪、两头晃、鼓肚子、骑马火、钢板、三连对等。

都有定式

象棋有定式，最著名的是十大定式，如对面笑、御驾亲征、闲庭散步、脱袍卸甲、独卒擒王、小鬼拍门、老兵新传、蜘蛛抱蛋、三进兵、小刀剜心等。

　　掼蛋也有定式，如火不打四、打七不打八、逢五必打、对方九张打一张，对方八张可打夯、残局"二一一"牌型先打对等。掼蛋的定式，需灵活运用，不可死搬教条。

都有编排

　　象棋比赛有编排。象棋比赛有淘汰制、循环制等，编排采用最多的是积分循环制。在人（队）数较多、赛期有限、录取名次还要合理的情况下，大多采用积分编排制进行比赛。目前，凡国家、省市等级别的正规比赛都使用电脑软件编排，避免了人为因素的不合理、不公正。比赛设有编排长。

台次	东西	积分[得分]		[得分]积分	南北	
第1台		4.0 [0]	VS	[0]4.0		☐
第2台		4.0 [0]	VS	[0]4.0		☐
第3台		4.0 [0]	VS	[0]4.0		☐
第4台		4.0 [0]	VS	[0]4.0		☐
第5台		2.0 [0]	VS	[0]3.0		☐
第6台		3.0 [0]	VS	[0]2.0		☐
第7台		2.0 [0]	VS	[0]2.0		☐
第8台		2.0 [0]	VS	[0]2.0		☐
第9台		2.0 [0]	VS	[0]2.0		☐
第10台		2.0 [0]	VS	[0]2.0		☐
第11台		2.0 [0]	VS	[0]2.0		☐
第12台		2.0 [0]	VS	[0]2.0		☐
第13台		2.0 [0]	VS	[0]2.0		☐
第14台		0 [0]	VS	[0]0		☐
第15台		0 [0]	VS	[0]0		☐
第16台		0 [0]	VS	[0]0		☐
第17台		0 [2.0]	比	[0]0	NULL	☑

掼蛋比赛编排表

掼蛋比赛多以瑞士移位制积分编排为主，不管是几轮比赛，最后一轮一般不允许平局，如出现平局则加赛一副牌决出胜负。几轮比赛结束后，按大分排列名次，如积分相同则按赛事规则比较级差分、对方分等，直至排出名次。也有大型赛事在十六强产生后，最后还要安排淘汰赛。比赛也设有编排长。

都有预判

象棋中的预判就是指选手下一步棋时能看到后几步棋：自己落子以后，对方会如何应对，自己再如何落子，对方再如何应对……只有对各种变化在心里算得很清楚，下起棋来才能运筹帷幄，得心应手。

打掼蛋也要对牌场形势进行预判，预判自己的牌能否套到上家的牌；预判下家的牌，以便控制他的牌型；预判对家的牌，以便准确地送牌。预判的结果不一定完全准确，但要通过预判，不断提高自己的牌感，增强自己的信心。象棋和掼蛋的高手预判能力都很强。

都有开局

象棋的开局，是指双方按各自的战略思想把棋子布成一定阵势的阶段，通常在十个回合之内，但也有的会再多几个回合。

掼蛋的开局也很重要，通过组牌，自己初步定位。在开局阶段，可以初步知晓对方或对家的牌力与牌型，以决定自己后面的打法。如上家连续出三带对，有杂顺子的可能性较小；如下家对小顺子连续不要，有三带对牌型的可能性较大。

都有中局

　　象棋的中局，处在开局和残局之间，是一盘棋中相当长而又非常重要的阶段。中局的子力多、交战又频繁，选手对局，犹如战场指挥官，各自采取不同策略和战术，调动棋子攻守进退，既是双方技术的较量，也关乎着一局棋的胜败。

　　掼蛋的中局，一般指的是打了三四圈后的牌局，此时牌势基本明朗，各家的水平和牌力包括大小王的分布也都互相有了大概的了解，双方进入激烈比拼阶段，此时也是发挥各自技战术水平的重要阶段。

都有残局

　　象棋的残局，是指尾声阶段，主要特点是兵力已大量消耗，从中局大量子力的扭杀转变为少量子力的互动。残局阶段直接性的战斗接触减少，子力的调运最为关键。

　　掼蛋的残局技术非常重要，掼蛋的高手都是处理残局的高手。在残局中同样的牌型，处理得当，可以夺得上游；处理不当，则会丢失本可以夺取的上游。

都有平局

　　象棋比赛会有输赢，但也有下成平局（和棋）的情况。平局，有的是在残局选手自己认定的，也有的是经裁判现场判定的，这是规则允许的。

> 象棋对局时，出现下列情况之一，就算和棋：(一)属于理论上公认的双方均无取胜可能的局势；(二)提议作和，应使双方机会均等。只要一方提和，另一方已宣告同意，双方都不许反悔。(三)双方走棋出现循环反复已达三次，符合棋例中不变作和的有关规定，可由任何一方提议作和，经审查局面属实，即使另一方不同意，裁判员也有权判为和棋。如双方都没有提和，而循环反复局面还在延续，裁判员有权不征得双方同意就决定判和。

掼蛋比赛在限定时间内（如 90 分钟 9 牌制），也会出现打平的情况，如双方都打到 Q，则双方各得 1 分。掼蛋比赛的最后一轮一般不允许平局，如出现平局，则在原有基础上加打一副牌，正常贡牌和回贡，有一家取得上游则比赛结束，上游方升一级，胜。

都有骗招

下象棋时有骗招，如在行棋过程中故意露出破绽，引诱对方上当，对方如不慎就会陷入泥潭，遭到绞杀。最著名的当数弃子攻杀法。在决战的关键时刻，棋手通过弃子，突破对方防线而构成杀势。弃子的方式在实战中多见，而且常与其他战术组合运用，核心是要求算得准确，运用恰当。一旦实施，可在争先、取势、攻杀、解围时起着推波助澜、使战局发生突变的作用。

　　打掼蛋时的骗招主要是诱炸或投机。有的选手自身牌力弱，故意在对家出牌（除单牌外）时接牌，发动伴攻，吸引对方火力，让对家取得上游；有的选手在残局时只剩两个差不多大的火箭（其中有张逢人配），又握有发牌权，在对方牌很多的情况下，把其中一个火箭变成杂花顺发出，诱出对方的炸弹或大顺，以减轻对家的负担。投机则是指在中、残局时，违反正常的出牌顺序，故意示强，一强到底，利用对方不敢炸的心理而夺得上游。

20

下围棋与打掼蛋

　　围棋，是一种策略型双人棋类游戏，中国古时称"弈"，起源于中国，隋唐时经朝鲜传入日本，然后流传到欧美各国。围棋比赛时，双方交替行棋，落子后不能移动，以围地多者为胜。因为黑方有先行占地之利，故而规则规定黑方局终时要给白方贴子。中日韩等各国制定的竞赛规则略有不同。

围棋

　　不同的体育项目，有时会有相通的地方。虽然下围棋一般是个人作战，而打掼蛋是双人配合作战，但两者也有一些相似之处。

形势判断如同掼蛋定位

　　围棋对弈到中局时，选手会对棋盘审视一番，通过在心中点目，对盘面形势加以判断。执黑棋先行的选手，还要计算盘面够不够贴目的数字，以便决定下一步的战术。

而掼蛋则是在各自抓了二十七张牌以后，经过简单组牌有个自我定位，大致判断自己大概为几游，以确定战术。牌好就主攻，让对家助攻；牌孬就打防守牌、打操牌，或者配合对家进行伴攻。

试应手如同派兵侦察

围棋的试应手是指选手在与棋局未来发展相关联的地方用靠、托、点等方法来试探对方如何应对，从而确定对方价值取向，继而确定自己下一步战术的一种方法。它是一种试探性手段，属于高级谋略。围棋有个顺口溜："无忧角上两路托，试探应手是真意。"

而掼蛋选手在开局时会打出中、高单等牌型（侦察兵）进行试探，对家如果接牌了，说明他的牌力较强，可以由他主攻，自己做好助攻。首发杂花顺和三带对表示自己牌力较强。下家压的牌不是很大而对家加压，说明对家牌也比较好。当然，以三带对为例，下家如上 K 或 A 的夯，对家用 A 或参谋夯加压不一定是牌好的意思，要再作具体分析。

掌握先手如同有打有收

围棋手为了夺取胜利，必须在战斗中取得主动。为了争取主动，每下一子，使对方必应，这叫先手。下围棋时获得先手，可以牢牢掌握主动权，离胜利就前进了一步。

　　掼蛋水平高的选手，发牌往往有打有收，能控制主动权，就像围棋上的先手。有的选手打出牌后，没有回收的牌，被对方压住了，就容易失去牌权，失去先手。当然也有"吐痰"的情况，可能他的其他牌型相对较强，就等着套牌。

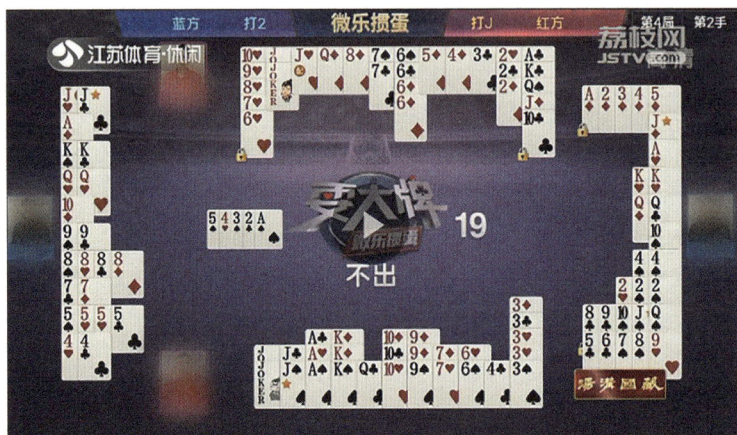

西家有打有收

围棋定式如同掼蛋定式

　　围棋有若干定式，如点三三、挂星位、双飞燕、小飞守角等。随着阿法狗（围棋机器人）的出现，围棋又出现了一些新的定式，原有的少数不科学的定式就被淘汰了。

　　掼蛋也有定式，如枪不打四、打少不打多、残局逼火为先、残局三单先打中单、残局"二一一"牌型先打对子等。掼蛋的定式需灵活运用，不可死搬教条。

围棋收官如同掼蛋残局

围棋比赛除一方中盘投子认输以外，都有收官阶段。围棋的收官多数在残局时，也有的棋局在开始不久以后就基本定型，双方领地大体确定，尚有部分空位可以下子，这时也称为收官。收官阶段很重要，双方棋细的时候，收官技术高的人往往能占得先机，以一目（子）或半目（子）胜出。

掼蛋的残局技术也特别重要。掼蛋的高手们有三种很强的技能：一是会打防守牌。指在没有炸弹、牌力很弱的情况下，轻易不出牌，尽可能地保留各种牌型，盯着对家要什么牌型，准确送牌。二是会打操牌。指手上虽有炸弹，但牌散而小，无法争得上游，就弱牌强打，发动佯攻，吸引上下家火力，减轻对家压力，帮助对家夺得上游。三是有高超的残局功夫。残局处理得当或巧妙，可以收到事半功倍的效果。

围棋术语如同掼蛋术语

围棋有若干术语，如气、挖、靠、尖、直二、弯三、虎口、让先、贴目、双吃、试应手、接不归、大飞、小飞、挂角、先手、后手、问题手、交叉点、做活、破眼、围空、浅消、送吃、单开口、双开口、提子、气尽子亡、打劫、双活等。

掼蛋也有若干术语，如顺套、倒冲、自杀、封牌、垫炸、诱炸、主动炸、被动炸、四大天王、通天火箭、定位枪、两头晃、正三轮、偏三轮、骑马火、高单、跳张等。

围棋和掼蛋都属智力体育竞赛项目。围棋起源早，影响大。掼蛋起源晚，但由于它简单易学且趣味性强，参与人数众多，已呈风靡全国之势。

在现实生活中，有不少喜欢下围棋的选手也爱上了打掼蛋，而掼蛋爱好者的队伍中也有若干喜欢下围棋的朋友。希望围棋和掼蛋这两个项目能够互相融通，互相促进；希望看到围棋高手在掼蛋赛事上夺冠，掼蛋高手在围棋赛事上称霸。

21

开餐馆与打掼蛋

餐馆，是让顾客享用烹调好的食物及饮料的地方。不同的餐馆会提供不同风味的饮食。

掼蛋起源于淮安，淮安又是著名的淮扬菜之乡，美味佳肴众多。现在在淮安，凡接待客人或朋友小聚到餐馆品尝美食，大多会相约提前到餐馆掼一局，过把瘾。这体现了人们对掼蛋的钟爱，也印证了广泛流传的俗话"饭前不掼蛋，等于没吃饭"。细数起来，餐馆经营与掼蛋娱乐竟然有很多类似之处。

菜场采购类似牌场发牌

餐馆每天到菜场采购的食材有很多，如肉、蛋、海鲜和蔬菜等，还包括油、盐、酱、醋等调料，这些食材和调料，就类似于打掼蛋时发给选手的牌，当然，餐馆采购时可以选择，而发的牌选手是没有选择的。

厨师配菜类似选手组牌

厨师有配菜的过程，如茨菇烧猪肉、清蒸白鱼、青蒜炒肉丝、韭菜炒鸡蛋、炒三鲜等。而掼蛋的组牌就是选手把手上27张牌组成不同的牌型，如火箭、炸弹、三带对、顺子、单张、对子等。

本副牌打 3，南家可组 12345 和 78910J 杂花顺，以及 34567 同花顺

菜肴品种类似牌型种类

菜肴中冷菜、热炒、烩菜和汤，可以细分为若干品种，如白斩鸡、凉拌黄瓜、平桥豆腐、牛肉火锅、西红柿蛋汤等。而掼蛋的牌型也有四大天王、火箭、炸弹、三带对、顺子、钢板、三连对、三同张、对子、单张等。

炒菜火候类似炸弹炸点

厨师烹饪需要掌握好火候，火候不够菜没熟，火候过了又会把菜炒煳或影响菜的口味。而掼蛋选手使用炸弹的时点被称为炸点。炸点要准，不该扔炸弹的时候不能扔，扔了就是失误；该扔炸弹的时候不扔，也会错失战机，很可能给对方赢得上游的机会。

餐桌上的"硬菜"类似炸弹

餐桌上的"硬菜"一般指的是那些价格高、营养好、口感佳的菜肴，如澳龙、鲍鱼、螃蟹、甲鱼等。而掼蛋中的火箭、四头炸、五头炸、六头炸和三张参谋带对的夯等（俗称登基牌），类似于餐桌上的"硬菜"。

迎合口味类似有打有收

熟客如有喜爱的菜肴和口味，餐馆一般每次都会安排。如有人喜欢糖醋口味，有人喜欢清淡口味，有人喜欢辣口味等。凡是喜爱的菜肴，客人也往往会多吃上几口。而掼蛋选手打出的有打有收的牌，往往是该选手的主打牌型，或对子或三带对等，对于其主打牌型，对家应心领神会。

菜品沽清类似有打无收

客人点的菜肴，餐馆只剩最后一份，卖完就没了，就叫沽清。而掼蛋选手打出有打无收的牌，出了以后便没有这种牌型了，俗称"吐痰"。

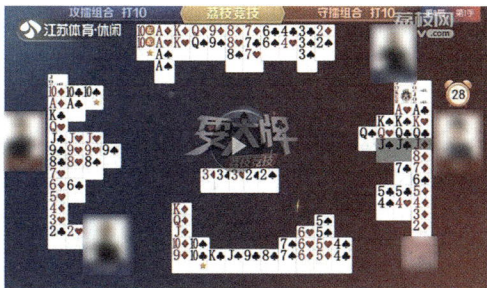

南家首发三带对，有打无收

素菜荤做类似故意诱炸

有的大厨用面筋等素食做成螃蟹、红烧鱼、香肠等，非常逼真，能起到以假乱真的效果，这有点像掼蛋中的诱炸。例如，选手明明手上是两个纯炸弹，扔第一个炸弹的时候故意装成冲刺状，留下五头炸弹或同花火箭，引诱对方上炸弹来压制，从而减轻自己对家的压力。

大厨小用类似越级压牌

如果餐馆不安排大厨做硬菜、招牌菜，光烧个菜汤或炒个素菜，就是大材小用。在掼蛋中，常有选手大王没有压小王或参谋，而去压 Q、J 或更小的牌，这叫越级压牌，浪费了大王的火力。

菜肴浪费类似空扔炸弹

桌上菜肴明明够吃还不断上菜，就是一种浪费行为。掼蛋选手在稳得上游前，无谓地连续扔出两三个炸弹而没有诱出对方的炸弹，也是一种资源浪费。

东家的钢板如没人要，只能空扔两个炸弹

酒席备桌类似对家助攻

　　客户订酒席常有十桌备两桌、五桌备一桌等情形，这是餐馆防止因来客人数有变化而采取的措施。在掼蛋中两位选手常是一个主攻，一个助攻。助攻的选手有时开局至中局阶段都不怎么出牌，保持各种牌型，随时准备支援对家（有点像餐馆的备桌），这种配合被称为"一动一不动"。

东家只剩一张牌，西家的牌基本没动

22

掼蛋文化集萃

《掼蛋歌》

淮安市是掼蛋的发源地，因为掼蛋的广泛流行，专家们特意创作了《掼蛋歌》，深受大众喜爱，据我所知，已有多首先后问世。

早在2011年5月，《淮海晚报》就发表了记者管艳的一篇文章。文章中写道，第一首《掼蛋歌》由淮安本地音乐人尹子作曲，王学波作词，尹子演唱，主创团队都是由淮安人组成的，是正宗的淮安掼蛋歌。

B5　文娱·第一落点

2011年
责任编辑：刘娟

《掼蛋歌》，你听过没？

在淮安，流传着这样一句话："饭前不掼蛋，等于没吃饭"。虽是句玩笑，但从中足以看出掼蛋在淮安极大的影响力。现在，淮安掼蛋有了自己的歌曲——《掼蛋歌》。这首歌由淮安本土音乐人尹子作曲，王学波作词，尹子演唱的，可谓地地道道的淮安主创团队，地地道道的淮安《掼蛋歌》。

轻松俏皮的旋律，朗朗上口的歌词，记者听到的《掼蛋歌》时长三分多钟，歌词简单、幽默，几句几语就将掼蛋时的场景勾勒出来。在音乐开头，选用了掼蛋游戏中的场景音效，发牌、出牌、过牌、炸弹的声音是淮安人再熟悉不过的了，商一听到便让人忍俊不禁，笑出声来。

这首《掼蛋歌》的歌词如下：

"卡拉很高消费，喝酒伤了脾胃，麻将让人疲惫，掼蛋很有滋味。男女老少都会，网上自由搭配，也可朋友一对，打上两局不累。来呀，掼哪，炸弹声声清脆！来呀，掼哪，火箭星光点缀！来呀，掼哪，不要过分沉醉！来呀，掼哪，晚上按时入睡！来呀，掼哪，华夏娱乐精粹！来呀，掼哪，掼出世界之最！"

记者在文中还介绍道，作曲人尹子在一次朋友聚会中，与掼蛋网的总经理一拍即合，决定用淮安人喜爱的娱乐方式——掼蛋作为创作题材。而词作者王学波则是来自一家企业的普通工人。

时隔五年，2016 年 12 月，来自辽宁抚顺、定居合肥的综艺主持人李杭城又出了首《掼蛋歌》，由他本人作词和演唱，冯光谱曲、冉飞编曲。歌词是：

"约上几个人，摆上小方桌，泡上几杯茶，一起来坐坐。大家来掼蛋，日子多快乐，开心的时光，神仙也难得。掼蛋靠头脑，搭档讲合作，运气很重要，技巧更难得。胆大心要细，出牌有原则，相互来照应，升级把关过。饭前不掼蛋，咱就不开饭，此中的快乐，一定要体验。饭前不掼蛋，咱就不开饭。先打胜一局，再来把酒端。不会打就打三带俩，四个以上就是炸，花色一样是同花，四大天王最最大。借助上家走小牌，全神贯注盯下家。对门打啥你打啥，相互配合双待抓。一二三二四六，怎么升级不算啥。三次 A 没打过，那你还得从头打（这是某地方的掼友约定，不符合国家体育总局棋牌运动管理中心审定的《竞技掼蛋竞赛规则（试行）》——我注）。饭前不掼蛋，咱就不开饭，此中的快乐，一定要体验。饭前不掼蛋，咱就不开饭，先打胜一局，再来把酒端。饭前不掼蛋，等于没吃饭。陌生变熟悉，并肩来作战。饭前不掼蛋，等于没吃饭，忘却愁与烦，快乐似神仙。"

2019 年 9 月，由王莉梅和葛逊作词、郑铮铮作曲、王贻文演唱的《掼蛋歌》在南京、合肥、上海、重庆等地的淮安掼蛋文化旅游专题推介活动中推出。歌词如下：

"饭前不掼蛋，等于没吃饭；饭后不掼蛋，吃了也不算。欢欢喜喜坐下来，四人掼蛋打一牌，配合默契力量大，有输有赢都精彩。开开心心坐下来，用心打好手中牌，斗智斗勇趣味多，有礼有信乐开怀。来来来来掼起来，淮安掼蛋人人爱，友谊小船和合开，四海一家春常在。掼蛋啦！掼蛋啦！来啊，来啊，来啊，掼蛋啦！四大天王是天炸，看到同花放一排，顺子对子有优势，裸奔钢板也不赖，抓到小牌别泄气，打好差牌是能耐，以变应变显智慧，用心打好每副牌。来来来来掼起来，淮安掼蛋摆擂台，牵手天下八方客，四海一家春常在！"

几首《掼蛋歌》，虽然作词、作曲和演唱者不同，但歌名都一样；虽然唱的都是掼蛋，但歌词和表现形式各不相同，各具特色，引人入胜。

《掼蛋歌》2011 年版用顺口溜形式反映了一种社会新现象，贴近大众，朗朗上口，易于传唱，有诙谐调侃的味道；2016 年版采用了黄梅戏曲调，让人耳目一新，新鲜有趣；2019 年版融合了淮海戏、方言等，道白加演唱，更受百姓的喜爱。

《掼蛋歌》为掼蛋而作，紧贴掼蛋实际，表达的内容也都与掼蛋息息相关。

如"男女老少都会，网上自由搭配，也可朋友一对，打上两局不累""约上几个人，摆上小方桌，泡上几杯茶，一起来坐坐""欢欢喜喜坐下来，四人掼蛋打一牌""大家来掼蛋，日子多快乐，开心的时光，神仙也难得"等，描述了群众对掼蛋的喜爱程度。

"掼蛋靠头脑，搭档讲合作，运气很重要，技巧更难得，胆大心要细，出牌有原则，相互来照应，升级把关过""看到同花放一排，顺子对子有优势，裸奔钢板也不赖，抓到小牌别泄气，打好差牌是能耐，以变应变显智慧，用心打好每副牌"等，则描述了掼蛋的技战术。

而"不要过分沉醉！晚上按时入睡！华夏娱乐精粹！掼出世界之最！""来来来来掼起来，淮安掼蛋摆擂台，牵手天下八方客，四海一家春常在"等，弘扬的都是正能量。

衷心希望能欣赏到更多、更好的作品，衷心希望《掼蛋歌》能受到更多人的喜爱，衷心希望竞技掼蛋能早日成为全国智力运动会的正式竞赛项目。

诙谐术语

我在与朋友打掼蛋、参赛和收看各类掼蛋栏目嘉宾解说时，常听到一些诙谐的术语，这些术语来自生活，贴近生活，是解说嘉宾和选手们的经验总结。它们有的谐音，有的形象，有的贴切，有的让人忍俊不禁，为掼蛋这种游戏增添了乐趣。

（1）"天花板"——10JQKA 杂花顺，也有人称它"食道癌"（10 到 A）。

（2）"通天火箭"——10JQKA 同花顺。

（3）"七道沟"（7 到 J）——78910J 的杂花顺或同花顺。吉林省临江市有七道沟风景区，江苏省灌云县图河乡有七道沟村等。

（4）"九道沟"（9 到 J）——991010JJ 三连对。天津市津南区有著名的民俗旅游景点九道沟景区。

（5）"姊妹对" —— 数字相连的三连对，如 556677、778899 等。

（6）"鼓肚子"——牌局中经常出现的牌型，如 7788899，JJQQQKK 等，也叫"二三二"牌型。

（7）"天王炸"——两张大王和两张小王一起组成的炸弹。

（8）"两头晃"——六张同花顺或杂花顺，如 456789、78910JQ 等，可以随机出两头的一张牌，保留完整而连贯的五张，增加了牌型的机动性。

（9）"正三轮"——两张大王和一张小王。

（10）"偏三轮"——两张小王和一张大王。

（11）"毒药"——残局时出的小单张，下家如不控制，让对家再走一单张，对家便可冲刺或尽火。

（12）"灭鬼灵"——在对方打出单张或一对大王时，用 2222 组成的炸弹（最小的炸弹）炸掉（打 2 时则 3333，大小王又称大小鬼）。

（13）"龙牌"——炸弹多，牌型非常整齐的牌。

（14）"锯齿牌"——如 33455677 等，有点像锯条上的齿一样。

（15）"春天"——双方打成 A 比 2。"打对方春天"指己方打 A、对方打 2，对方还没"出窝"；"被打成春天"则反之。

（16）"骑马火"——压只比自己小一级的炸弹，如 4444 压 3333，或者 KKKKK 压 QQQQQ 等。

（17）"借风"——上游出完最后一手牌后，若无人压牌，则由上游的对家出牌。

（18）"抗贡"——下游抓到两个大王，则不用进贡，由上游出牌；"双下"方二人各抓到一个大王或任一方抓到两个大王，都不用进贡，由上游出牌。

（19）"倒冲"——在残局时对方只剩四张，自己握有炸弹和一轮牌，为防止对方的四张牌是炸弹，往往先打炸弹，后打手中的最后一轮牌。

（20）"秃子"——三同张（三不带），如 777 或 555 等，也称"裸奔"。

（21）"喂猫"——参谋或 A 被对方大小王压掉。

（22）"吐痰"——出比较小的单牌或有打无收的牌，如 12345 杂花顺、小的三带对等。

（23）"逼火"——主动出单张大王或一对大王、10JQKA 杂花顺、三张参谋带一对的夯、QQKKAA 三连对、AAAKKK 钢板等很大的牌，意在逼出对方的火（炸弹）。

（24）"卡压"——在对方出小的单张、对子或三带对等成型牌时，用较大的单牌、对子或三带对等成型牌压上。如用最大的牌型压上，则称"封压"。

（25）"顺套"——在一方出小的单张、对子或三带对等成型牌时，其他人压上稍大一点的牌，也称"顺过"。

（26）"铁板烧"——两个相连的三同张，如 444555、888999，也称"钢板""双飞"。

（27）"自杀"——下家只有一张牌，自己剩一个炸弹和一张小的单牌，由于不清楚下家牌的大小，自己只好先打炸弹，待上家压不住时再出单张。

（28）"垫炸"——下家只剩四张，估计是炸弹，自己用炸弹（如五头炸）压上，对家用更大的炸弹（如同花火箭）压上，再一手尽牌，取得上游。

（29）"一夯"——三带对，如 88855、QQQ77 等。民间流传的掼蛋口诀上就有"对方七张和八张，可以出顺或打夯"。

（30）"投机"——原指利用市场出现的价差进行买卖，从中获得利润的交易行为。在掼蛋中则指在中、残局时，违反正常的出牌顺序，故意示强，一强到底，利用对方不敢炸的心理，而取得上游，也称"偷鸡"。需要注意的是：投机风险大，投机需慎用。

（31）"招商引资"——贡牌或双贡的人，抓到大王后先将其放在桌面上，嘴上念叨着"招商引资"，期待抓到另一张大王，以便抗贡。

（32）"假牙"——对方剩四张，让他出牌，结果不是炸弹，选手会笑着说"假牙哟"。

（33）"疯掉"——用最大的同类牌型封掉（谐音"疯掉"）对方的牌。

（34）"一肚子鬼"——对方握有三张或四张大小王（也称大小鬼），会笑称对方"你一肚子鬼"。

（35）"肿瘤"——贡牌后收到的没有用的回牌，有厌恶的含义。

（36）"听牌"——引用的麻将术语，指选手只剩一火一轮或两火一轮牌了，也叫"熟了"。

（37）"一家子"——和对家搭档。

（38）"吃苍蝇"——对方打参谋级牌（如10），而你用J、Q、K、A去压。

（39）"雷锋手"——切牌后让对方抓到很好的牌或抗贡的牌，负责切牌的选手会自责"我是雷锋手"，意思是毫不利己，专门利人。

（40）"定位枪"——全场最大的炸弹。

（41）"首尾顺"——两个杂花顺首尾相连，如45678和8910JQ，或者12345和56789等。

（42）"高单"——较大的单牌，一般指J以上的单牌。

（43）"跳张"——级差太大的牌，如明明有一对8，却用一对J去压对方的一对6或一对7。

（44）"一竿收"—— 一下子把自己手中的很多牌打尽。

（45）"出窝"——对方领先很多，己方一直停留在打2，而己方一旦得了上游了，不管能升几级，都如释重负，说终于"出窝"了。

掼蛋诗

掼蛋含学问

掼蛋含人品，爱心满怀是要领；

掼蛋含格局，牌场人生勿贪欲；
掼蛋含胸襟，失利不必太灰心；
掼蛋含心理，情绪平衡不失礼；
掼蛋含军事，两军对垒比气势；
掼蛋含数学，加减乘除需精确；
掼蛋含记忆，记得精准不容易；
掼蛋含反应，见招拆招快决定；
掼蛋含判断，若有失误定出乱；
掼蛋含定力，放眼全局莫心急；
掼蛋含辩证，思考问题需反正；
掼蛋含学问，精益求精堪大任。

掼蛋项目值得赞

掼蛋项目值得赞，高手身后悄悄站，
组合变化加炸点，边感佩服边观看。
牌型发错丢上游，内心懊悔头流汗，
不知配合乱出牌，对家恼恨气直叹。

掼蛋亦有痴迷汉

开餐之前掼掼蛋，甭怕客人来得慢；
就餐以后掼掼蛋，消消食物再解散；
男同胞们掼掼蛋，思维敏捷当模范；
女同胞们掼掼蛋，笑容满面更灿烂；
年长的人常掼蛋，如此痴呆不易犯；
年轻的人常掼蛋，提高智力挑重担；

遇到假期约掼蛋，知心朋友来相伴；

日复一日约掼蛋，当之无愧痴迷汉。

掼蛋术语有寓意

单张就像爱情，一心一意；

对子就像好事，结伴而来；

一夯就像财运，接二连三；

连对就像友情，紧密相连；

光三就像烦恼，飞驰而去；

钢板就像身体，结实硬朗；

顺子就像职位，由低到高；

王炸就像巨人，顶天立地。

赢牌心中喜洋洋

组牌精值得人赞扬，留变化观赏站两旁，

走对子好事变成双，出单张牌力犹示强，

三不带暗藏了文章，三带二是侠义心肠，

三连对似联合作战，同花顺能炸出气场，

扔钢板说明身体棒，杂花顺幸福绵又长，

小炸弹及时刹刹车，天王炸威力无法挡，

技艺高读牌有准星，连取胜战绩才辉煌，

有空闲不妨掼几局，赢了牌心中喜洋洋。

掼 蛋 健 脑
来
掼 蛋
大鬼　小王
牌组好　需动脑
情况不明　对子先行
上家剩九张　一般要开枪
对方七张八张　出顺或者打夯
切磋牌技心情好　既能娱乐又健脑

朋友切磋有欢声

朋友切磋有欢声，荣登榜首有掌声，
风声雨声读书声，兼听牌场掼蛋声。
起罢牌张定角色，组织火箭辨花色，
赛事取胜露喜色，心情愉悦赏春色。
学习掼蛋靠悟性，保留变化有灵性，
对局记牌要记性，喜赢厌输乃天性。
组织赛事有热情，牌技发挥需尽情，
朋友切磋增友情，天天掼蛋好痴情。
对局踩刹动小火，关键时刻必开火，
痛失好局够窝火，输牌莫要瞎发火。
切磋牌技常练兵，百搭配上出奇兵，
参赛组队挑精兵，操牌就要布疑兵。
竞赛规律为通用，掼蛋口诀也适用，
大师指点很顶用，关键在于要活用。

提高技艺下苦功，取得佳绩初立功，
谦虚谨慎不表功，荣誉加身再庆功。

人生光阴莫虚度

学习掼蛋求速成，良好习惯要形成，
求胜心情亦赞成，屡败屡战待功成。
组织牌型要合理，牌张稍乱靠梳理，
出牌顺序要讲理，争抢上游乃至理。
找寻乐趣是自家，技术提高成行家，
赢牌愉悦上酒家，畅饮尽兴方归家。
文明参赛树正风，严格裁判堵歪风，
四大天王展雄风，赢得胜利沐春风。
嘉宾评牌亮观点，提高技艺需指点，
经典牌局常评点，荣获桂冠奉茶点。
线上参赛常匿名，大赛得奖扬美名，
梦想大师同齐名，掼蛋照样能出名。
组织赛事需能力，保留变化有活力，
参赛多轮需体力，掼蛋娱乐显魅力。
切磋牌技要适度，沉迷其中易过度，
执裁在于掌尺度，人生光阴莫虚度。

健脑娱乐乃初心

开局组牌要细心，观察局势要留心，
学习提高要虚心，配合默契是知心。
遇见操牌识祸心，圆牌骗炸要耐心，

垫炸取胜乃匠心，送准牌型方安心。
参加赛事要专心，牌局落后莫灰心，
领先不能掉轻心，错失好局则痛心。
协会领导够真心，组织赛事真热心，
裁判仲裁在公心，嘉宾评牌在用心。
大师传授显诚心，提高牌技有信心，
常年坚持要恒心，健脑娱乐乃初心。

跋

　　智力运动虽然也要消耗体能，但是，脑力和思维占据更加主导的位置。掼蛋作为国家体育总局棋牌运动管理中心向全国推广的棋牌项目，同样也需要参与者的脑力和思维。掼蛋技法水平的高低，与参与者的思维水平密切相关，简单思维下的打掼蛋一般只是较低水平的技法较量，只有辩证思维下的打掼蛋才有可能是较高水平的技法较量。

　　程冠东先生的《辩证思维打掼蛋》中收录的各篇文章当初写成后，我都是忠实的读者，他对掼蛋技法的研究总结，充满着"因时因势理牌，动态优化组牌，辩证思维出牌"的哲理。要想成为一位掼蛋高手，从战略思路到战术技法都离不开辩证思维，可以说，辩证思维是掼蛋战略思路和战术技法的"思想之源"。《辩证思维打掼蛋》一书对广大掼友来讲，无疑具有很好的启迪作用。多年来在与程冠东先生交流的过程中，遵循着"辩证思维打掼蛋"，我的掼蛋技法也得到较大提高。

　　在体育运动发展过程中，不同国家和地区的不同选手会不断创造出独具特色的竞技打法（比赛方法）。例如，在围棋技法中，就有中国围棋代表团创造的"中国流"布局法、日本武宫正树创造的"宇宙流"布局法。同样，在不断的实践过程中，人们也创造出各具特色的掼蛋技法。"辩证思维打掼蛋"就是以程冠东先生为主的淮安掼友们，在总结掼蛋技法的过程中，创造出的独具特色的"淮安掼蛋技法"。

朱 洁

后 记

　　我是在 2000 年前后开始，在工作之余时间接触并学会用扑克牌打掼蛋的，由于打法上千变万化的趣味性、简便易学的普及性、连续升级的竞技性，学会掼蛋以后即着迷，别的扑克牌游戏就不想再碰了，周围的朋友们亦是如此。

　　2020 初淮安市新冠疫情肆虐，住宅小区管控严格，除了戴口罩去菜市场购物，不能轻易出门。宅在家中总要找点事做，就动笔尝试写了一篇《掼蛋"降龙十八掌"》在掼蛋大师公众号发表，受到周围朋友的鼓励，增加了写作的兴致和动力，之后又陆陆续续发表了 20 多篇文章，我出生在掼蛋发源地淮安，有责任有义务做掼蛋文化的传播者和推广人，推动掼蛋文化普及全国、掼蛋项目走向世界。因此，我写作的范围，除掼蛋技战术外，其中也包括总结归纳了篮球、排球、围棋、象棋、餐饮等与打掼蛋相同或相近的内涵哲理，以期丰富掼蛋文化的内容。

　　出版本书的目的，在于更好地宣传、推广掼蛋项目，帮助掼蛋初学者和爱好者提高技战术水平，让更多的人在掼蛋中享受这项智力运动带来的乐趣。

在写作的过程中，我得到很多朋友真诚的帮助和指点，淮安市体育局原调研员、副局长、时任淮安掼蛋协会常务副会长兰国伟建议我文章标题尽量形成系列化，如《××××打掼蛋》；针对一些掼蛋口诀有人说正确，有人说不正确的现象，淮安市政协二级巡视员、原经科委主任朱洁建议我在文章中多从辩证思维的角度思考掼蛋的口诀与技法。

本书在编写过程中，得到了1312《欢乐耍大牌》、掼蛋大师、江苏省广播电视总台体育体闲频道《耍大牌》、来几局、南京生活等栏目的截屏帮助；还得到了杨海军、张中原、秦井明、陈久功、刘玉国、徐一农等许许多多同志的关心和帮助，在此谨向他们表示由衷的谢意！

限于本人的水平和精力，书中难免有不妥之处，敬请各位专家和牌友批评指正。

程冠东